"En la iglesia, hemos sido demasiado rápidos, y nos hemos sentido demasiado cómodos, en trazar líneas entre lo sagrado y lo secular, entre lo santo y lo profano. En esta joya literaria, James Hazelwood nos invita a difuminar esas líneas y a contemplar toda la vida como una práctica espiritual, un viaje sagrado, un terreno santo. Este libro le proporcionará una nueva perspectiva de su trabajo diario, de sus relaciones, de usted mismo, y de su mundo".

– Rvdo. Keith Anderson,
autor de *La Catedral Digital: Ministerio de Redes en un Mundo Inalámbrico*, y pastor de la Iglesia Luterana Upper Dublin en Ambler, Pensilvania

ESPIRITUALIDAD COTIDIANA

Descubra una Vida de Esperanza, Paz y Relevancia

JAMES HAZELWOOD

ESPIRITUALIDAD COTIDIANA
Descubra una Vida de Esperanza, Paz y Relevancia

Copyright © 2020 por James Hazelwood. Todos los derechos reservados.
Publicado originalmente en inglés con el título: "Everyday Spirituality"

Ninguna parte de esta publicación puede ser reproducida, distribuida o transmitida de cualquier forma o por cualquier medio, incluyendo fotocopia, grabación, u otros métodos electrónicos o mecánicos, sin la autorización previa por escrito del editor, excepto en el caso de citas breves incorporadas en revisiones críticas y ciertos otros usos no comerciales permitidos por la ley de derechos de autor.

Aunque el autor y el editor han hecho todos los esfuerzos para asegurar que la información de este libro sea correcta en el momento de escribir, el autor y el editor quedan exentos de cualquier responsabilidad hacia cualquier persona por cualquier pérdida, daño o problemas ocasionados por errores o omisiones, si tales errores u omisiones son el resultado de negligencia, accidente o cualquier otra causa.

La adhesión a todas las leyes y regulaciones aplicables, incluyendo internacionales, federales, estatales y locales que rigen la concesión de licencias profesionales, las prácticas comerciales, la publicidad, y todos los demás aspectos de hacer negocios en los EE.UU., Canadá o cualquier otra jurisdicción es responsabilidad exclusiva del lector y consumidor.

Ni el autor ni el editor asumen ninguna responsabilidad u obligación alguna por parte del consumidor o el lector de este material. Cualquier ligera percepción de cualquier individuo u organización es puramente accidental.

Se proporcionan los recursos en este libro sólo para fines informativos y no deben ser usados para reemplazar la formación especializada y el juicio profesional de un médico o profesional de la salud mental.

Ni el autor ni el editor se hacen responsables por el uso de la información proporcionada en este libro. Por favor, siempre consultar a un profesional capacitado antes de tomar cualquier decisión con respecto al tratamiento para usted o para otros.

A menos que se indique lo contrario, todas las citas bíblicas han sido tomadas de la versión Reina-Valera © 1960 Sociedades Bíblicas en América Latina; © renovado 1988 Sociedades Bíblicas Unidas. Utilizado con permiso.

El texto bíblico indicado con «NTV» ha sido tomado de la *Santa Biblia*, Nueva Traducción Viviente, © Tyndale House Foundation, 2010. Usado con permiso de Tyndale House Publishers, Todos los derechos reservados.

ISBN: 978-1-7333886-1-0

Créditos
Correctora: Brend Quinn.
brendalquinn@gmail.com

Diseño, dirección de arte, y producción: Melissa Farr, Back Porch Creative,
info@backporchcreative.com

Traducción: Israel Ortet, Rhema Translations
translationsrhema@gmail.com

Ilustración de la portada © istockphoto.com.

Dedicatoria

Para Lisa

Contenido

Prefacio		ix
Introducción		xiii
Sección Uno - Cosas que Hacemos Cada Día		1
Capítulo Uno.......	Respirar	3
Capítulo Dos.......	Agradecer	9
Capítulo Tres......	Saborear	17
Capítulo Cuatro......	Oler	23
Capítulo Cinco.......	Trabajar	29
Capítulo Seis.......	Moverse	37
Capítulo Siete......	Gastar	43
Capítulo Ocho......	Dormir	51
Capítulo Nueve......	Reír	57
Sección Dos - Cosas que Hacemos Cada Semana		65
Capítulo Diez.......	Hacer Amigos	67
Capítulo Once.....	Confiar	73
Capítulo Doce.....	Preguntar	79
Capítulo Trece....	Cocinar	87
Capítulo Catorce....	Caminar	93
Capítulo Quince.....	Cantar	99
Capítulo Dieciséis.....	Viajar	105
Capítulo Diecisiete...	Limpiar	111
Capítulo Dieciocho....	Servir	117

CONTENIDO

Sección Tres - Cosas que Hacemos Cada Cierto Tiempo 125
    Capítulo Diecinueve..... Cultivar 127
    Capítulo Veinte..... Reducir 135
    Capítulo Veintiuno.. Desafiar 143
    Capítulo Veintidós... Rendirse 151
    Capítulo Veintitrés. Contradecir 157
    Capítulo Veinticuatro.. Discrepar 165
    Capítulo veinticinco... Perder 175
    Capítulo veintiséis... Llorar 183
    Capítulo Veintisiete. Maravillarse 193

Conclusión 201

Recursos 203
    Notas 205
    Recursos 209

Gratitud 215

Prefacio

Tenemos una larga historia en la cultura occidental de dividir lo secular y lo sagrado en dos categorías diferentes y separadas. Esa división tiene su origen en algo que se llama dualismo, que muy probablemente comenzó con los griegos. Pero, antes de que los griegos dividieran el mundo, el pueblo hebreo tenían una manera mucho más integrada de entender la vida, que consiste en que toda la creación está revestida de lo sagrado. Este libro es un intento de recuperar esa manera de pensar, que, por cierto, se encuentra en muchas otras culturas, tradiciones y religiones de todo el mundo. También estoy defendiendo la idea de que este enfoque integrado o holístico, de igual manera está en el corazón del cristianismo; sólo que nos hemos alejado de él.

Uno de los primeros lectores de este libro comentó: "Es un libro cristiano, pero es más que eso." Creo que lo que estaba tratando de decir es que, si bien este libro se basa en mi fe como cristiano luterano progresivo, es una expresión amplia y abierta del movimiento de Jesús. Si la imagen que usted tiene del cristianismo proviene de las noticias de la televisión, los políticos, o las noticias en los miopes medios sociales, podría pensar que la religión de Jesús está llena de políticas de derecha, de duras críticas, y de actitudes anti-LGBTQ +. Este libro muestra la otra cara: Esperanza, Amor, Gozo, Gracia, Paz; pero también las luchas y heridas honestas de la vida real, todo como parte de una fe que es a la vez honesta y hermosa. Espero que después de leer este libro, pueda compartirlo con alguien que no sea muy religioso, y que a su vez ese alguien comience a ver de otra manera.

PREFACIO

El libro consiste de veintisiete capítulos cortos divididos en tres secciones. Cada capítulo explora una acción que hacemos regularmente como parte de nuestra vida cotidiana o, como sugieren los títulos de las secciones, cada día, cada semana o cada cierto tiempo. Cada capítulo es su propia historia, así que puede leerlos en cualquier orden. Mi deseo es que cada uno de ellos le ayude a ver su vida cotidiana normal y ordinaria como algo espiritual.

Guía de Recursos gratuita para *Espiritualidad Cotidiana*

Visite **www.JamesHazelwood.net** e inscríbase para recibir recursos, una guía de estudio para grupos, ideas y anécdotas de cómo gente común viven su Espiritualidad Cotidiana.

Cuando lo haga, le otorgaré un enlace a la Guía de Recursos para este libro.

Durante su visita a mi página, envíeme una nota, y déjeme saber acerca de su propia Espiritualidad Cotidiana.

Introducción

Como la mayoría de las personas, siempre he tenido esa tirante sensación de que hay algo más significativo, más amplio, más profundo, más expansivo e intemporal acerca de la vida que las tareas del día a día de lavar los platos, cortar el césped y caminar a la tienda de comestibles. Algunas personas lo llaman Dios; otros lo llaman el universo; aún otros se refieren a esto usando una variedad de palabras descriptivas de raíces misteriosas. Todas esas descripciones son insuficientes, pero son nuestro mejor intento de ilustrar una realidad definitiva más allá del día a día. De alguna manera, nunca encontré una forma de conectar, entender o nutrir una relación con esa máxima realidad sagrada. En aras de una mejor facilidad, la llamaré Dios.

Probé libros devocionales, exploré la meditación, descargué guías de oración e incluso incursioné con diversas aplicaciones. Todas esas y muchas otras herramientas eran buenas; algunas funcionaron por un tiempo y todavía practico algunas de ellas. Pero todavía faltaba algo. Todas estas herramientas parecían relegar a Dios o la búsqueda de Dios a una espiritualidad que estaba separada de mi vida diaria.

Durante casi seis décadas he luchado, y me he sentido culpable, por no ser lo suficientemente espiritual. Como pastor, hablé con muchas personas que anhelaban una práctica espiritual. Era mi trabajo asesorarlos, entrenarlos y nutrir su espiritualidad. Hice sugerencias, formulé preguntas, e incluso prediqué sermones. Me sentía a la deriva. Todo esto me recuerda al dicho que escuché hace

INTRODUCCIÓN

unos años: "Lo que mejor enseñamos es lo que más necesitamos aprender."

Entonces, en el 2017, mientras asistía a una charla del autor Rob Bell, oí algo que me hizo darme cuenta que existe un camino diferente. Durante una sesión de Preguntas y Respuestas antes de la charla de Rob en Boston, Massachusetts, un joven estudiante le preguntó qué tipo de prácticas espirituales utilizaba. Después de una larga pausa, dijo: "¿Quieres decir, cosas como surfear?" Hubo risas en la audiencia llena de personas que seriamente buscaban respuestas y que habían venido escuchar a este antiguo pastor y ahora cuasi-gurú. Mientras muchos se reían, me di cuenta que hablaba en serio. También me di cuenta que tengo muchas prácticas espirituales que no caen dentro de las categorías tradicionales. Nado, monto bicicleta y camino. También leo, escribo y hablo. Mi mente explotó con todas las cosas que hago en la vida que son de hecho muy espirituales. Eso me llevó a evaluar nuevamente la espiritualidad, –lo qué es, las veces que la relegamos a los rincones de nuestra vida, y las veces cuando se convierte en todo sobre todo en la vida.

Seis meses más tarde, me sentí llamado a escribirlo todo. La idea era simple: una serie de capítulos concisos sobre diferentes aspectos de la vida cotidiana ordinaria. Cada capítulo incluye una historia de mi experiencia, junto con algunas reflexiones teológicas y palabras de aliento. Sobreabundó la inspiración. Apunté notas y recordé aspectos de mi vida, así como lecturas y enseñanzas que aprendí a través de los años.

Entonces, una mañana, en medio del invierno, Él se presentó y bruscamente lo detuvo todo. Él es esa voz dentro de mi cabeza, la persistente voz de la duda. La voz que susurra: "¿Y quién eres tú para pensar que puedes escribir un libro?" Esa voz puede tomar 100 halagos y tirarlos a la basura con sólo unas pocas palabras.

No estoy seguro de que es un él, pero yo lo llamo "él". Finalmente le he puesto un nombre: Ganare. Como ganarse, como en hay que ganarse cada cosa en la vida, incluyendo la gracia. Ganare es un tarado e irrita mi mente y mi alma. Él tiende a aparecer cuando las cosas van bien. Él es el perfecto aguafiestas. Él puede ser un confabulador. Algunas de mis amigas me dicen que tienen una voz similar; quizás ellas la llaman Ganarea. Yo no la conozco, pero sí conozco a mi Ganare. Cuando se apareció mientras escribía las primeras páginas de este libro, casi lo derrumba.

Ganare fue capaz de aprovechar todas y cada una de mis inseguridades. Empezó atacando mis luchas de toda la vida con la gramática, la sintaxis y la ortografía. Se mantuvo trayendo la memoria de la señora McKinley, mi maestra de séptimo grado, quien publicaba todos nuestros ensayos en el tablón de anuncios del aula. Allí estaba el mío, en el centro, cubierto de tinta roja a causa de sus correcciones y una grandota C- de color rojo. Ganare conoce muy bien esa memoria. Nunca permite que me olvide de ella.

Casi entierro todo este proyecto.

Pero no se iba. Nuevos temas y títulos de los capítulos seguían fluyendo en mis sueños, en mis reflexiones y lecturas. Era como si algo dentro de mí lo estaba empujando todo hacia adelante. Entonces, el calendario alcanzó un nuevo año. 2019. Cumpliría 60 en ese año. Me di cuenta que ya no podía duplicar ese número y prever que mi vida continuara. Cuando cumplí 30, me podía imaginar duplicándolos a 60. También fue así a los 40, e incluso a los 50 me podía imaginar que los duplicaría a 100, o al menos, bueno, bastante cerca. Pero no ahora. Ahora es real. El tiempo ya no es mi amigo. Tengo cosas que siempre he querido hacer, pero las he pospuesto porque, bueno, tenía tiempo. Así que a pesar de Ganare y su siempre presente voz, yo iba a escribir este libro.

Pero me di cuenta de que no podía hacerlo solo. Necesitaba ayuda. Me busqué un instructor ... un instructor de escritura. Gary tiene práctica en trabajar con personas que quieren escribir. Nos encontrábamos mensualmente en línea y teníamos una vídeo

INTRODUCCIÓN

conferencia. Se convirtió en mi animador y motivador. Un día, en los principios de este proyecto, él me hizo una pregunta. Fue una pregunta espontánea: "Jim, ¿conoces a alguien que tenga experiencias ordinarias con Dios?" Le respondí algo y me olvidé del asunto. Unos días más tarde, mientras Ganare hacía su magia en mí cuando yo estaba sentado frente al teclado, la pregunta regresó a mi mente. Decidí preguntarles a otras personas.

Lo que comenzó como un par de conversaciones, luego se convirtió en un correo electrónico con una pregunta que le envié a toda mi lista de contactos. Fue un breve correo electrónico para las personas que se habían suscrito, preguntándoles si tenían alguna historia de espiritualidad cotidiana. Desafortunadamente, unos días antes de que enviara este correo electrónico, habían recibido un correo electrónico basura que parecía venir de mí. Ese correo basura decía que yo estaba varado en Nigeria y necesitaba tarjetas de regalo de iTunes. Bueno, no exactamente así, pero usted entiende la idea. Usted ha visto cómo funcionan esas estafas. Por cuenta de aquel correo no deseado, mi correo electrónico legítimo pidiendo que me compartieran historias de espiritualidad cotidiana fue recibido con cierto grado de sospecha por algunas personas. ¡Vaya!, pensé, Ganare está usando su magia hasta en la internet. Pensé que nadie respondería.

Pero eso no fue lo que pasó. Poco a poco la gente comenzó a enviarme sus historias. Algunas eran breves, y otras eran largas y elaboradas. Algunas personas compartieron experiencias profundamente personales de pérdida y de dolor, en la que habían visto a Dios presente. Algunos me escribieron historias extrañas e inexplicables que sólo podrían haber tenido lugar a causa de una presencia divina. Lamentablemente, varios me dijeron que nunca en sus vidas habían compartido esas historias a causa del temor. Ganare los había reprimido también.

En un mes, había recibido más de 200 respuestas a mi solicitud. Historias, citas, y viñetas llenaron mi bandeja de entrada. Esa lluvia de respuestas subyugó a Ganare. Ya no podía retenerme. ¿Por qué? Porque ya no era sólo yo, éramos nosotros. El libro se convirtió en un esfuerzo colectivo. No pude incluir cada historia, ni siquiera la mayoría de ellas. Pero cada historia, cada contribución, se teje en el espíritu de este libro. Descubierta o encubiertamente, su historia se encuentra en estas páginas.

Se trata de un libro sobre la vida cotidiana. Al vivir una vida cotidiana ordinaria, aparentemente rutinaria, estamos viviendo una espiritualidad. No es el tipo de espiritualidad que se aparta. No es el tipo donde nos vamos a un retiro para estar en silencio y comer buena comida y dar paseos contemplando la naturaleza. No tengo nada en contra de eso, y, de hecho, a mí me gustan esos retiros. Pero necesito una espiritualidad que sea real para mí los lunes a las 6 de la mañana cuando la alarma suena, y el jueves durante la cena con mis hijos, y los viernes en el supermercado y en el gimnasio. Se trata de un libro que conecta las cosas que hacemos cada día, cada semana o cada cierto tiempo, con Dios.

He aprendido mucho al escribir este libro, y de todos los que me ayudaron a hacerlo posible. Ganare está un poco decepcionado, pero sobrevivirá. Siempre encuentra la manera de reaparecer. Pero, al menos por ahora, el regalo está allá afuera. La travesía de escribir este libro ha sido una experiencia única. Ahora veo la vida cada día como una aventura –un viaje espiritual.

Le invito a hablar conmigo sobre lo que está escrito aquí. He creado varios recursos para facilitar esa conversación, y los puede encontrar en el sitio web a continuación. Cada libro en nuestro contexto del siglo 21 tiene que ser una invitación al diálogo. Mantengamos los canales de comunicación abiertos mientras tratamos de redescubrir cómo la espiritualidad cotidiana vuelve a la vida.

James Hazelwood
Verano de 2019
www.jameshazelwood.net

Sección Uno

Cosas que Hacemos Cada Día

capítulo uno
Respirar

Vamos a orar...

Estas tres palabras conforman mi frase menos favorita. ¿Por qué? Porque sugiere que estamos orando sólo cuando lo definimos como tal y asumimos alguna pose como cerrar los ojos, bajar la cabeza y juntar las manos, o cerrar los ojos, extender los brazos y abrir las manos. Seguidamente, añadimos palabras. En muchas tradiciones religiosas, hemos escrito oraciones – páginas y páginas de ellas, e incluso libros enteros de oraciones.

Eso no es oración, amigos; eso es leer en voz alta.

No me malinterpreten; algunas de esas oraciones escritas son hermosas, elocuentes y profundas. Tengo algunas que son mis favoritas, especialmente esta del Libro de Liturgia Luterana:

> *Oh Dios, Tú que has llamado a tus siervos a venturas de las cuales no podemos ver el fin, por caminos hasta ahora inexplorados, a través de peligros desconocidos. Danos la fe para salir con buen ánimo, sin saber a dónde vamos, pero seguros de que tu mano está con nosotros y tu amor nos sostiene, por medio de Jesucristo nuestro Señor.*

Pero, tan significativas y reflexivas como puedan ser las oraciones escritas, ¿es eso lo mejor que podemos hacer? ¿Es esto todo lo que hay en la oración?

Una de mis anécdotas favoritas sobre este tema tiene que ver con la Oración Inaugural en la toma de posesión del presidente Bill Clinton en 1993. A uno de los pastores seleccionados para hacer una oración, un miembro del personal de la administración Clinton le pidió que le proporcionara una copia de su oración con antelación. El ministro respondió: "Todavía no he orado."

Bueno. He sido un poco duro aquí con las oraciones escritas. Muchas personas han encontrado un significado importante en las oraciones escritas, y no debemos descartar eso. Mi intención aquí desde el principio ha sido sacarlo de ese pensamiento establecido sobre la vida espiritual. En su lugar, voy a sugerir que ampliemos nuestra definición de la vida espiritual para incluir todos los aspectos de la vida diaria. En pocas palabras, estoy diciendo que lo que usted y yo hacemos regularmente es espiritual, y nuestra tarea es afirmarlo como tal. Empecemos con algo que hacemos cada día, cada momento de cada día.

Inhalar
Exhalar

Tome oxígeno y seguidamente expúlselo de sus pulmones. Ese proceso es fundamental para toda la vida. Es la manera en que el cuerpo usa el oxígeno para convertir los alimentos en energía. Es también esencial para hablar, reír, sollozar, cantar y otras expresiones de la emoción y la comunicación. El hecho es que, cuando se respira, se vive. Vamos a convertirlo en un cálculo matemático elemental. Estoy pensando en álgebra espiritual.

$$\text{Respirar} = \text{Vivir}$$

Respirar

Muchas lenguas antiguas e historias de los orígenes religiosos tienen una conexión entre la respiración, la vida y el espíritu. El primer ser humano recibió vida a través de un soplo de respiración. Dios sopló vida sobre un pedazo de polvo de la tierra y así nació Adán. No nos limitemos a ver esta historia solo como un evento literal; es más potente que eso. Es lo que el pueblo antiguo utilizaba para contar una verdad más profunda, que el reino espiritual y el reino material no tienen vida si están separados, pero cuando se juntan, la vida tiene lugar.

El pueblo hebreo tenía una palabra para este aliento: *ruach*. Es una palabra antigua que aparece cientos de veces en la Biblia hebrea y se usa indistintamente para aliento, espíritu, viento y, a veces, mente. El *ruach* imparte la imagen divina a la humanidad y vivifica a la criatura con la dinámica de la vida. Usted y yo estamos conectados con Dios en *ruach*. Si está buscando un pasaje de la escritura para resumir este punto, le remito a Job 33: 4: *"El espíritu de Dios me hizo, y el soplo del Omnipotente me dio vida."*

Sin embargo, cuando terminamos nuestro tiempo en esta tierra, no es raro oír decir que alguien ha "respirado el último aliento." Hace años me quedé con una familia junto a la cama de su abuelo mientras respiraba su último aliento. Nos quedamos en silencio hasta que su hija me dijo: "¿Usted vio eso?" Yo lo había visto. Fuimos testigos no sólo de su último aliento, sino también de la salida de su espíritu.

¿Cuáles otras tradiciones religiosas tienen esta comprensión del aliento representando la vida? Lo vemos en la práctica del yoga; también es fundamental en todas las formas de meditación, desde el cristianismo hasta el budismo y el zoroastrismo. Me gusta esa palabra, zoroastrismo; me parece divertido decirla, y es el tipo de palabra que se puede usar para impresionar o confundir a las personas durante una cena. ("Oye, ¿sabías que Freddie Mercury, el fallecido cantante de la banda Queen, era un zoroastrista?") En caso que usted sienta curiosidad, le explico que la religión zoroastrista tuvo sus comienzos en Persia en el año 1500 AC. Es una antigua religión monoteísta que probablemente influyó en el desarrollo del judaísmo. Entre sus principales contribuciones al pensamiento occidental estuvo la dualidad del bien y el mal, que consiste en seres humanos enfrentando decisiones diarias que tienen un significado tanto personal como cósmico. Sí, hay mucho más que usted puede investigar; pero no podía dejarlo en el aire con esa referencia a Freddie Mercury.

Los atletas le dedican atención a la respiración al medir su capacidad aeróbica. Los cantantes controlan su respiración para producir las tonalidades que nos producen alegría. Usted y yo normalmente usamos expresiones como "esa presentación me dejó sin aliento." Cuando estamos profundamente conmovidos por un discurso o un juego, a menudo usamos la palabra inspirado, la cual encierra en sí tanto lo espiritual como lo físico. 'Inspirar' es una antigua expresión que se utilizaba originalmente para describir una cualidad de un ser sobrenatural o divino, 'impartir una verdad o una idea a alguien.'

El sacerdote franciscano Richard Rohr ha señalado que la antigua palabra hebrea para Dios, Yahvé, significa "yo soy" o "yo existo". En realidad, no es un nombre; es una descripción. De acuerdo con Rohr, la manera correcta de expresar Yahvé es pronunciarla inhalando la sílaba "Yah" y exhalando la sílaba "vé."[1] Decir la palabra es respirar la palabra. Al pronunciar su sonido estamos participando del acto de ser. Afirmar que Dios existe es experimentar la propia existencia. Para que no se pierda en este viaje mágico y místico, a continuación, se lo resumo:

Si usted está respirando, usted está orando.

¿Está buscando una espiritualidad cotidiana? ¿Está tratando de averiguar cómo se puede ser más espiritual, como si se tratara de una competencia? Respire. Adelante, hágalo. De hecho, usted *no* puede dejar de hacerlo. Trate de no ser espiritual durante unos segundos; aguante la respiración. Eso mismo. Deje de respirar. Tómese un momento para actuar de manera desafiante hacia Dios, hacia todo lo que es sagrado y santo, y que produce vida en este mundo. ¿Sigue aguantando la respiración?

Respirar es vivir.

Respirar es estar en la presencia del Viviente, Santo y Sagrado.

Respirar es continuar este largo, lento y continuo viaje que llamamos vida.

Respirar es practicar la espiritualidad cotidiana.

Deje a un lado todo sentimiento de culpabilidad y vergüenza por no haber leído suficientes libros devocionales, o por no tener pensamientos profundos, o por no practicar un ritual regular en la mañana. Todo eso está muy bien y muy bueno si usted lo usa como expresiones. Pero para aquellos que se preguntan…

> ¿estoy haciendo lo suficiente para ser una persona espiritual?
> ¿estoy haciendo lo suficiente para ser un cristiano?
> ¿estoy haciendo lo suficiente para ayudar a mis hijos a ver el valor de la fe?
> ¿estoy haciendo lo suficiente para que Dios me ame, me quiera, o al menos me tolere?
> ¿estoy haciendo lo suficiente para _____ (Llene el espacio)?

Respire.

Usted está haciendo lo suficiente porque está respirando. A causa de que usted está respirando, está expresando una profunda conexión con lo santo, lo sagrado, lo divino. A causa de que usted está respirando, está orando. A causa de que usted está respirando, usted ha experimentado la unión de lo espiritual y lo material.

Así que respire, relájese, y disfrute una vida de espiritualidad cotidiana.

capítulo dos — Agradecer

¿Cuál es su fiesta favorita?

En mi experiencia, la etapa de la vida en la que usted se encuentre probablemente influya en cómo responda esta pregunta. La mayoría de los niños probablemente mencionarán la Navidad como su fiesta favorita, mientras que la mayoría de los adultos elegirán la celebración de Acción de Gracias como su preferida.

Llego a esa conclusión basado en parte en mi propia experiencia cada noviembre, cuando con frecuencia escucho amigos y vecinos expresar sentimientos como: "Es mi fiesta favorita del año." Cuando les pregunto por qué, suelen hacer comentarios como estos:

> "Se trata de personas y de reunirse sin hacer énfasis en las cosas."
>
> "Me encanta la comida tradicional; me trae tantos buenos recuerdos."
>
> "Es la fiesta menos comercial."
>
> "¿Cómo puede a alguien no gustarle un día que ha sido separado para dar gracias?"

Acción de Gracias tiene sus raíces en la fiesta de las cosechas, pero se solidificó como un día nacional de agradecimiento bajo el presidente Abraham Lincoln, quien lo estableció en medio de la guerra civil americana. La proclamación de Lincoln reconoce: "El año que está a punto de concluir ha estado lleno de la bendición de campos fructíferos y cielos saludables."

El anuncio procede a reconocer toda una serie de beneficios de la experiencia americana y las bondades de la naturaleza, a pesar de la presencia constante de la guerra. Lincoln proclama: "Esos son los dones de la gracia del Dios Altísimo."

A continuación, prosigue con lo que esencialmente es una oración, para que Dios "tenga cuidado de todos aquellos que son viudas, huérfanos, que han perdido seres queridos y han sufrido a causa de la lamentable lucha civil en la que están inevitablemente involucrados, y fervientemente implora la intervención de la Mano Omnipotente para que sane las heridas de la nación y la restablezca tan pronto como esté en concordancia con los propósitos divinos para el pleno disfrute de la paz, la armonía, la tranquilidad y la Unión."[2]

El Día de Acción de Gracias nos provee un tiempo para la gratitud y la expiación. Muchas personas pasan el día con la familia o los amigos, compartiendo una comida juntos. El enfoque cambia del ajetreo de la vida diaria a un ritual de relaciones y agradecimiento. Pero en el 2010, varias cadenas de tiendas trataron de cambiar todo eso cuando decidieron atentar contra esta fiesta norteamericana sagrada.[3]

La estrategia fue un insolente intento de aumentar la cuota de mercado mediante la interrupción de la celebración de Acción de Gracias con compras tempranas de Viernes Negro. Nuevos minoristas se unieron en el 2011 y el 2012. En el 2016, sin embargo, muchas cadenas dieron marcha atrás y volvieron otra vez a comenzar su frenesí de promociones anuales el viernes

Agradecer

después de Acción de Gracias. Mientras que la tendencia a largo plazo hacia un mercado 24/7/365 continuará sin dudas, hubo por lo menos un breve momento de rebelión.

Los estadounidenses necesitan y quieren su día de gratitud. Nos damos cuenta de que somos seres humanos y no simplemente engranajes de una empresa comercial. El presidente Lincoln estableció esta fiesta exclusiva de los Estados Unidos como una oración de esperanza para una nación dividida; este oportuno recordatorio es tan válido hoy como lo era hace 160 años.

Cuando se trata de espiritualidad cotidiana, sugiero que el Día de Acción de Gracias sea todos los días.

Muchos padres son diligentes a la hora de educar a sus hijos en lo valioso y apropiado que es decir gracias. Lo he visto en los últimos años con mis nietos. Cuando los adultos les traen regalos a los niños, hacen algo amable por ellos, o les ofrecen un cono de helado, uno de los padres, o incluso ambos, les dicen: "¿Y qué se dice?" Eso conduce inevitablemente a que obligatoriamente los niños digan: "¡Gracias!". En ocasiones, alargan las palabras y dicen "graaaaaaciiiiiaaaas." Uno se cuestiona la sinceridad de sus palabras, pero eso no es lo esencial a esa temprana edad. Los padres están tratando de crear hábitos, y decir gracias es un hábito de alto valor en nuestra sociedad.

Y he descubierto que es un hábito muy preciado y que se practica con frecuencia. Hace poco hice el ejercicio informal de contar el número de veces que oigo la palabra gracias. Me pasé un sábado interactuando con la gente en diferentes situaciones y lugares. En una reunión, camino a la tienda de comestibles, mientras ordenaba comida para llevar desde mi carro en una cafetería cercana y durante la cena en casa con mi esposa. Este pequeño proyecto de investigación dio lugar a un descubrimiento sorprendente: 34 veces la palabra "gracias" en 47 diálogos. Me pareció que era bastante alto, ya que ocurrió durante encuentros cotidianos ordinarios. Me hizo darme cuenta de lo común que se ha vuelto la gratitud en nuestras interacciones con otras personas, y lo mucho que lo apreciamos.

Las expresiones de gratitud son aún más potentes en forma escrita. En una era de correos electrónicos, mensajes de texto y buzones de correo repletos de correo basura, ¿qué es lo que sobresale? En medio de un promedio de 848 correos basura cada año,[4] un sobre escrito a mano se destaca, y cuando el contenido incluye una nota de agradecimiento personalizada y escrita a mano, yo lo considero un tipo de texto sagrado.

Una nota de agradecimiento escrita a mano es una ofrenda, una afirmación de una relación de pacto que consumamos durante la cena, el café o una mandarina. Gracias. Cuando expresamos aprecio y gratitud, certificamos que un evento, sea pequeño o grande, ha sellado nuestra relación de una manera que tiene poder –poder para sanar, enmendar, y hasta transformar el futuro.

Las expresiones de gratitud y reconocimiento son ubicuas en todas las tradiciones de fe del mundo. ¿Tuvieron Moisés, Jesús, Mahoma o Buda algo que decir al respecto? ¿Cuántas veces aparece la palabra "gracias" en la Biblia? 206. ¿Y "acción de gracias"? 69.

> *"Para exclamar con voz de acción de **gracias**, y para contar todas tus maravillas."* Escribe el Salmista en el Salmo 26:7.
>
> *"Por nada estéis afanosos, sino sean conocidas vuestras peticiones delante de Dios en toda oración y ruego, con **acción de gracias**."* Escribe san Pablo en Filipenses 4:6.
>
> *"Y tomando [Jesús] los siete panes y los peces, dio gracias, los partió y dio a sus discípulos, y los discípulos a la multitud."* Mateo 15:36

Agradecer

> "*Estos dos tipos de personas son difíciles de encontrar en el mundo. ¿Cuáles dos? El primero en hacer un bien, y el que está agradecido por un bien que le hacen.*" Buda, en el Anguttara Nikaya.[5]

> "*Las grandes puertas del almacén se abren; lo lleno de gratitud, masticando un trozo de caña de azúcar.*" El poeta islámico y sufí Rumi.[6]

> "*Si la única oración que usted ha hecho en toda su vida es 'gracias', es suficiente.*" El cristiano místico Meister Eckhart.[7]

Creo que usted entiende el punto.

Usted dice "gracias" diariamente. Lo más probable es que salga de su boca y ni siquiera lo sepa.

> Alguien le abre la puerta al entrar en la tienda de comestibles. "Gracias."
>
> Un compañero de trabajo le ofrece comprarle una taza de café. "Gracias."
>
> Su hijo/a adolescente le mira y le sonríe por primera vez en semanas, y usted se pregunta: ¿Eh? ¿Qué *está pasando?* ¿Se habrá *realineado el universo?* "Oh, ah, gracias."

Los antiguos hebreos tenían una palabra para dar gracias: *Todah*, que tiene sus raíces en una palabra similar, *Yadah*. *Todah* aparece por todas partes en la Biblia —cuando los coros cantan, cuando se ofrecen regalos y cuando se hacen oraciones. Está basada en la idea de una mano extendida en adoración. Pero, observe cómo se conecta la acción de gracias con la música y el canto y, ¡guau!, ¿no escucha la armonía? Cuando damos gracias es como si estuviéramos cantando una canción, tarareando una melodía o grabando la banda sonora de una película musical.

Cuando usted dice gracias, no solamente está repitiendo una frase obligatoria, automática y condicionada por la cultura. Está bien, sí, hasta cierto punto es lo que está haciendo. Pero, eso no es *todo* lo que está haciendo. También está cantando gratitud y haciendo una oración de agradecimiento, y conectándose con miles de años de practicantes espirituales. Usted está haciendo algo santo. Usted está involucrado en una práctica espiritual todos los días.

Así que diga una palabra o una frase, escriba un correo electrónico, escriba una nota, comparta una comida, abra una puerta, cómprele un café a alguien. Hable y escuche el canto *Todah* en todo el universo, alabando a Dios.

¿Podemos mencionar al poeta estadounidense Walt Whitman en este instante? Pare y lea el siguiente poema en voz alta, como si fuera de un musical o una canción de hip-hop del siglo 19. Al igual que Lincoln, Whitman vivió la guerra civil, y sus palabras son un conmovedor recordatorio de acción de gracias por toda en la vida, incluso en momentos de angustia y desesperación.

GRACIAS EN LA VEJEZ.

Gracias en la vejez, gracias antes de partir,
por la salud, el sol del mediodía, el aire impalpable
 –por la vida, la sola vida–,
por los preciosos recuerdos presentes siempre, (de ti, madre amada, de ti, padre, de ustedes, hermanos, hermanas, amigos),
por todos mis días –no sólo de paz, también los de guerra–,
por las suaves palabras, caricias, regalos de otros países; por la hospitalidad, el vino, la carne, el dulce aprecio, (ustedes lejanos, difuminados, desconocidos –jóvenes o viejos– incontables, indefinidos lectores amados, nunca nos conocimos, nunca nos conoceremos, y sin

embargo nuestras almas se abrazan, estrecha y larga, largamente)

por las personas, grupos, amor, hechos, palabras, libros; por los colores y las formas;

por todos los fuertes hombres valientes –hombres leales, osados– que defendieron la libertad en cualquier tiempo, y en cualquier tierra,

por los más valerosos, los más fuertes, los más leales hombres (un laurel especial antes de irme, para los mejores en la lucha de la vida,

soldados que tienen por arma el canto y el pensamiento, los más grandes artilleros, los más importantes guías, capitanes del alma):

como soldado que vuelve de una guerra que concluye, como viajero entre los millones de una larga procesión que termina,

gracias –¡gracias!– de un soldado, gracias de un viajero.

– WALT WHITMAN (1819-1892)

capítulo tres — Saborear

Al igual que muchos adolescentes, crecí con una dieta diaria bastante simple compuesta de sándwiches de queso a la parrilla y batidos de chocolate. Tales opciones alimenticias convencieron a todos los adultos de mi familia de que yo no viviría más allá de la edad de 25 años. Mi tía vegetariana, y varias de sus amigas que se preocupaban en comer saludable, intentaron influir en mis patrones de alimentación, pero no tuvieron éxito.

Esta noche, en nuestra casa, disfrutamos de unos *pierogis* de papas Yukón doradas con cebollas chamuscadas, y anoche cenamos bacalao fresco al horno con limón y cilantro, y calabacín a la plancha con aceitunas verdes, ajo y tomates de acompañantes.

¿Qué pasó con el queso a la parrilla? Sinceramente, no recuerdo. No tengo ningún recuerdo del momento de revelación en el que los cielos se abrieron y un ángel descendió y tocó mi lengua. Tal vez fue durante una de esas conversiones progresivas y lentas.

Como quiera que haya sucedido, hoy en día amo la comida. Disfruto de una amplia variedad de sabores: dulce, amargo, ácido y salado, y, recientemente, el sabroso umami, que ahora es considerado como el quinto sabor básico. Estos cinco sabores son los que la lengua humana puede distinguir. Nuestra capacidad para degustar y disfrutar de una amplia variedad de alimentos es uno de los grandes placeres de estar vivo.

¿Habrá algo mejor que morder una jugosa naranja, saborear un pollo asado al romero, o disfrutar de un helado de menta con pepitas de chocolate? Resulta que no todas las especies gozan de la misma gama de delicias. Los científicos dicen que ni los gatos ni los pájaros pueden saborear el dulce, con la excepción de los colibríes. Eso nos ayuda a entender por qué a algunos gatos les gusta esconderse debajo del comedero del colibrí. Creo que están tratando de vengarse.

No tengo ninguna duda de que la experiencia de saborear es un encuentro profundamente espiritual con la creación santa de Dios. Como indicó el fallecido autor y teólogo Eugene Peterson: "El asombro es el único punto de partida adecuado para explorar la espiritualidad de la creación, puesto que nos mantiene con los ojos abiertos, expectantes, viviendo una vida que es siempre más de lo que podemos explicar, que siempre excede nuestros cálculos".[8] Hay, por supuesto, muchas maneras en las que podemos maravillarnos, y ese es el tema general de todo este libro. Pero el gusto –que para mí es el más encantador de los cinco sentidos– es inigualable. ¿Cómo *no* creer que el santo está presente cuando estamos saboreando parte de la abundancia de la creación de Dios?

Todas las grandes religiones del mundo tienen enseñanzas relacionadas con la comida. Las más notables son las prácticas de la hospitalidad en las religiones occidentales del islam, el judaísmo y el cristianismo. Vamos a explorar esto más adelante en el capítulo dedicado a la cocina en la siguiente sección. Pero, antes de llegar a los aspectos de preparación y hospitalidad de la comida, pongamos en remojo el guiso de algunos de los gustos y sabores de la Escritura. La canela, la salvia y el ajo se encuentran entre muchas hierbas y especias a las que se hace referencia en la Biblia hebrea, no sólo por el sabor, sino también por la fragancia.

> *"Habló más Jehová a Moisés, diciendo: Tomarás especias finas: de mirra excelente quinientos siclos, y de canela aromática la mitad, esto es, doscientos cincuenta, de cálamo aromático doscientos cincuenta".*
> (Éxodo 30: 22-23)

> *"Un campesino no trilla el eneldo con rastrillo ni hace pasar una carreta por encima del comino, sino que golpea el eneldo con una vara y el comino con un palo. El grano se tritura un poco para hacer pan. Se le pasan por encima las ruedas de la carreta, pero los caballos no lo pulverizan".* (Isaías 28: 27-28, PDT)

> *"Nos acordamos del pescado que comíamos en Egipto de balde, de los pepinos, los melones, los puerros, las cebollas y los ajos."* (Números 11: 5)

Además de enumerar varias hierbas, la Biblia también registra numerosos casos de personas deseando saborear o disfrutando el sabor de una sabrosa comida. Isaac le pide a su hijo Jacob que le prepare su comida favorita, "un sabroso plato," antes de morir y bendecir a su familia. Jesús disfruta de un desayuno de pescado fresco con varios discípulos después de su resurrección. Él también reconoce la importancia de un buen vino en una boda.

Toda esta conversación sobre sabores y comidas me está provocando hambre. ¿Y a usted? Tal vez deberíamos hacer una pausa y disfrutar de una comida.

En una ocasión, mientras realizaba estudios teológicos para obtener mi maestría, me junté con unos estudiantes budistas durante el almuerzo en el Centro de Nyingma en Berkeley, California. En una semana, debía entregar mi trabajo para una clase sobre Espiritualidad Occidental y Oriental y estaba rezagado en mi investigación. Después de una entrevista con uno de los líderes, me uní a estudiantes y miembros del personal para el almuerzo. La comida era sencilla: un tazón de sopa, un poco de pan y un vaso de agua. Lo que más me impresionó fue la atención que ellos le prestaban a cada bocado de comida. Hace tiempo que me olvidé de mi trabajo de clase, pero aún guardo en mi memoria el recuerdo de los sabores y la satisfacción por cada porción de alimento.

Partir el pan juntos es un acto santo, y no sólo en un centro budista o en una catedral cristiana. ¿Sabía que cuando usted se sienta y come con otra persona, usted está practicando una disciplina espiritual? Es cierto. Ese solo acto le conecta con antiguas tradiciones como la hospitalidad, la acción de gracias y la bondad de la tierra. Disfrute de los sabores de una comida; cualquier comida le puede conectar con la fantástica maravilla de la creación. La evolutiva creación de Dios, asombrosa y en constante despliegue, ha preparado su lengua para las delicias de la cena de esta noche.

Los cristianos resaltan este asunto en el sacramento de la Santa Cena, que es a menudo parte de los servicios de adoración como forma de recrear y recordar la cena de la Pascua que Jesús celebró con sus discípulos, mientras estaba en Jerusalén antes de su arresto y crucifixión.

En mi tradición, los luteranos entendemos que esta comida no es en memoria de algo que sucedió hace mucho tiempo, ni tampoco consideramos que es algo mágico, donde la sustancia del pan se convierte en el verdadero cuerpo de Cristo. Nuestra opinión es que la celebración de la Santa Cena es, de alguna manera, —no comprendemos completamente cómo— un momento sagrado. Dios está presente no sólo en el pan, sino también en, con y bajo toda la cena y todo lo que sucede alrededor de la misma. El Santo está en las palabras, la música, el bebé gritando en la esquina, la anciana viuda de manos arrugadas, la persona llena de tatuajes que está de rodillas al lado del banquero de blazer azul —en todo el asunto. Dios está de alguna manera infundiendo en todos y en todo, no sólo en el pan y en el vino, la gracia y el amor. En otras palabras, es en todas estas personas y cosas ordinarias que Dios se manifiesta. Eso es tremendamente útil, ya que estamos de nuevo encontrando al Santo en la Cotidianidad. Cuando comemos diariamente, partimos el pan, servimos y bebemos vino, estamos en medio de la presencia de Dios. Todo está sucediendo en, con, debajo, a través y alrededor de la comida.

Estoy yendo un poco más allá con este entendimiento de lo que harían algunos teólogos. Sí, es aquí donde potencialmente usted pudiera señalar una herejía. ("¡Alarma! ¡Alarma! ¡Peligro, Will Robinson! ¡Peligro!") Lo que estoy diciendo es que no es sólo en un contexto de culto formal donde encontramos a Dios. Es cada vez que tenemos una comida. Considere esto: cuando usted come, cuando usted prueba algo, cuando saborea, usted se encuentra en el reino de lo divino…

- en la comida de Acción de Gracias
- en el estadio comiéndose un perro caliente
- durante la conversación tomando café
- en el picnic de la compañía
- en el mercado de agricultores
- en el campo de juego con los amigos
- en la cafetería de la universidad
- bebiendo con amigos después del trabajo
- alrededor de la mesa en la Pascua
- en el altar el día de Nochebuena
- mientras se come una crujiente manzana después de un largo paseo en bicicleta
- con niños gritando en la mesa del desayuno

Esos son los momentos de la vida cotidiana donde el Santo irrumpe en nuestras vidas. A veces, la gente hará una pausa de silencio o hablará en voz alta para reconocer este tiempo santo y dar gracias. Ya sea que usted lo haga sutil o abiertamente, la comida y el acto de comerla, son santos.

Y bueno, ¿qué hay para comer?

capítulo cuatro Oler

Cuando pienso en fragancias deliciosas, pienso en:

- la lluvia de verano
- el pan recién horneado
- los granos de café
- la cabeza de un bebé recién nacido
- las rosas floreciendo en un jardín
- la vainilla
- la brisa del océano
- los libros
- la hierba recién cortada
- el fuego de la leña
- un árbol de navidad natural

¿Son estas también algunas de sus fragancias favoritas? ¿Cuáles añadiría a esta lista?

Pudiéramos detenernos en cualquiera de esos aromas y comenzar a navegar por un mar de recuerdos. Hasta el día de hoy, unos treinta años después, el olor a galletas de chocolate recién horneadas me transporta a cuando visitaba a mi abuela. A pesar de que ella no tenía una personalidad muy cálida, se esforzaba por crear un cierto sentido de hospitalidad con sus nietos horneándoles galletas. La visitábamos de vez en cuando, jugábamos en su patio, caminábamos por el vecindario, y por la tarde, entrábamos para un refrigerio: galletas de chocolate caseras. ¿Qué niño podría resistirse?

Las glándulas olfativas son un regalo vital a nuestro esfuerzo por percibir la Espiritualidad Cotidiana. Hay una razón por la que cada uno de nosotros tiene esa protuberante masa de cartílago, piel y hueso centrada entre los ojos y la boca –el olfato está en el centro de la vida. Cada vez que percibimos algún olor nuevo o familiar, nuestro cerebro y nuestra nariz trabajan juntos para que las moléculas viajando en el aire que nos rodea tengan sentido.

Al igual que con los otros sentidos, el olfato está ligado a un desarrollo evolutivo para protegernos de los posibles depredadores, ya sean mofetas o tigres dientes de sable. Sin embargo, nuestros sentidos también nos guiaron a hierbas, flores y raíces que podían nutrir nuestra salud.

En los tiempos modernos, el sentido del olfato sofisticado de los seres humanos pudiera haber disminuido simplemente porque ya no dependemos de él para nuestra supervivencia. Dado que la mayoría de nosotros ya no tenemos necesidad de caminar por los bosques para cazar nuestras presas o protegernos de los depredadores, nuestro sentido del olfato es menos agudo. Sin embargo, no cabe duda de que algunas personas poseen glándulas olfativas o neuronas cerebrales más desarrolladas. El sentido del olfato de mi esposa es tan agudo que ella es capaz de detectar cuando nuestro tanque de propano está alcanzando un nivel bajo y el sistema está drenando hacia el sótano. Con los años, he aprendido que puedo confiar más en ella que en el indicador encima del tanque de propano de 75 galones al lado de nuestra casa. Así que, al menos para nosotros, el sentido evolutivo del olfato continúa siendo útil como un dispositivo de protección. Si me dejaran esa tarea a mí, puede que nos hubiésemos asfixiado hace mucho tiempo.

Así que, a pesar de mi nariz un poco pronunciada, parece que no soy un experto, lo que hace que este capítulo sea un reto para el autor.

El olfato es una extensión de la respiración y posee un amplio repertorio en la Biblia.

Tanto las escrituras hebreas, como los escritos del Nuevo Testamento de Pablo y los Evangelios, registran numerosas referencias a fragancias, aromas, olores, especias y perfumes; y también a residuos, podredumbre y hedor. Para mi gran sorpresa, la Biblia tiene mucho que decir sobre el olfato.

Una búsqueda rápida de pasajes que usan cualquier sinónimo de olor fácilmente nos proporciona una gran cantidad de textos. Voy a seleccionar un verso del Evangelio de Juan. En el capítulo 12, pocos días antes de la cena de la Pascua que habría de culminar en la muerte y resurrección de Jesús, hay una historia de Jesús cenando en la casa de María, Marta y Lázaro.

Imagínese la escena: mientras se sirve la cena, sentado a la mesa está Lázaro, quien ha sido resucitado de entre los muertos. Los lectores atentos recordarán la descripción del evento sólo un capítulo anterior, con un retrato vívido de la resucitación / resurrección de Lázaro, y de Marta diciéndole a Jesús que si movía la piedra de la tumba saldría un gran hedor. Ahora, aproximadamente un día después, mientras están sentados a la mesa, leemos este verso:

> *"Entonces María tomó una libra de perfume de nardo puro, de mucho precio, y ungió los pies de Jesús, y los enjugó con sus cabellos; y la casa se llenó del olor del perfume."* (Juan 12:3)

Bien hecho, María.

Imagínese todos esos olores flotando a través de la casa. Podríamos especular que parte del interés de María en derramar el perfume era para contrarrestar el olor de su hermano, quien había estado muerto, pero ahora vivía. Sin embargo, miremos esta escena desde el contexto de una historia similar en el Evangelio de Lucas, donde una mujer se sienta a los pies de Jesús y los besa y unge.

> *"Y estando [ella] detrás de él a sus pies, llorando, comenzó a regar con lágrimas sus pies, y los enjugaba con sus cabellos; y besaba sus pies, y los ungía con el perfume."* (Lucas 7:38)

Estas pudieran ser dos historias diferentes, o pudieran ser diferentes versiones de una misma narración que fue transmitida por tradición oral antes de ser escrita. (Recuerde que los evangelios no son descripciones detalladas, sino que son memorias escritas a través de décadas de reflexión después de la vida, muerte y resurrección de Jesús). Estas historias de mujeres y perfume y toques y ungimiento sugieren algo íntimo. La respuesta de Jesús también indica que apreció o incluso disfrutó del tratamiento que recibió y de la fragancia.

Parece haber un toque de intimidad en la espiritualidad cotidiana. Podríamos cambiar el título de este capítulo a "oler y tocar." De hecho, ambos pueden vincularse, y creo que hay algo de esa cualidad sensual en nuestra espiritualidad. Deténgase por un momento y piense en lo que está pasando aquí. Tenemos a un rabino judío soltero al que una mujer soltera le unge sus pies con aceite perfumado. Algunos eruditos han estudiado estos pasajes como una imagen de Jesús siendo ungido antes de su resurrección. No niego esa interpretación; pero más bien, quiero que nos enfoquemos en los sentidos.

Hagamos una pausa y reflexionemos sobre el significado de todo esto para nuestra espiritualidad cotidiana. Tenemos perfume, aceite para ungir, toques, y a Jesús, todos en el mismo escenario.

Creo que no tenemos que ir muy lejos para sugerir que, en el contacto humano, la fragancia, y los encuentros emocionantes, hay una profunda espiritualidad.

Cuando mi esposa y yo nos abrazamos, estamos expresando una espiritualidad cotidiana. Lo mismo es cierto en los momentos en que mi hijo y yo nos abrazamos o mis nietos y yo nos acurrucamos, incluso cuando tienen la nariz llena de mocos. Estamos expresando espiritualidad cotidiana. El tacto y el olfato adoptan diversas formas enriquecidas de expresión; todo ello sugiere una proximidad de las relaciones humanas.

Luego, por supuesto, tenemos la espiritualidad algo terrenal o incluso cruda de Martín Lutero, de quien se dice en sus Charlas de Sobremesa que dijo: "Resisto al diablo, y con frecuencia es con un pedo que lo ahuyento." Son citas como esa las que me hacen preguntarme cuán bienvenido sería el pastor Martín en muchos de nuestros hogares. Su manera de resistir al diablo con una forma tan aromática de resistencia nos aporta un enfoque singular en nuestro esfuerzo por vivir una espiritualidad cotidiana. Después de que fumar cigarrillos fuera prohibido en los bares de algunas ciudades, una de las quejas más comunes de los clientes tenía que ver con la falta de olores diferentes a la función corporal a la que se refería Martín.

Esta realidad terrenal está relacionada con los orígenes del uso del incienso en muchas tradiciones religiosas de todo el mundo. Las fragancias aromáticas, los perfumes y el incienso han sido utilizados en las ceremonias religiosas que datan de hace casi 5.000 años, originalmente en la cuenca del río Nilo en Egipto y en China alrededor del mismo tiempo. Todas las grandes religiones del mundo utilizan el incienso en diversos rituales de adoración. Sí, había un componente espiritual en el incienso, pero también había un componente práctico para ayudar a purificar el aire y enmascarar los olores corporales. Además, el incienso ayudaba a mantener los insectos alejados de los animales del sacrificio, y del pan y el vino que se usaba en la Santa Cena en las iglesias cristianas. Después de todo, las telas metálicas para las ventanas son un invento relativamente reciente.

Nos estamos adentrando en lo terrenal de la espiritualidad cotidiana, y sin duda, se podrían hacer toda una serie de chistes subidos de tono. Sin embargo, ¿no es ese el punto? La espiritualidad cotidiana tiene la intención de centrar nuestra atención en las conexiones comunes y corrientes con lo sagrado y lo santo.

¿Qué mejor lugar para ver esto que en los relatos del nacimiento de Jesús? Recordemos que la historia de lo Eterno naciendo en el Tiempo es una historia de animales de granja, viajeros sin hogar y un parto natural en un establo. Como Lutero señala en su sermón de la víspera de Navidad, María "tuvo que ir al compartimento de las vacas y allí dar a luz al Creador de todas las criaturas."

¿Podría existir un escenario más apropiado para ser testigos de lo terrenal en lo eterno? El olor de la cabeza de un bebé recién nacido se encontraba en medio de los olores de un pesebre. Ambos aromas se entremezclaban mientras lo sagrado de un parto y la divinidad se unían.

capítulo cinco — Trabajar

Aunque no soy un gran aficionado de los programas de televisión, durante muchos años uno que me llamó periódicamente la atención fue "Trabajo Sucio", conducido por Mike Rowe. En cada episodio, Mike se convertía en voluntario de una brigada que estuviera haciendo un trabajo necesario y, a menudo, sucio. No era raro que el Sr. Rowe se uniera a un equipo recogiendo animales atropellados en la carretera, o instalando sistemas sofisticados de alcantarillado, o trabajando en una planta de procesamiento de alimentos. Ni hablar de cuando vi cómo se hacen las salchichas. No estoy seguro de qué fue lo que me atrajo a ese programa. Tal vez fue sólo el espectáculo como tal, o mi manera de expresar mi agradecimiento por gente que hace ese tipo de trabajo por nosotros.

Hay algo que debemos decir sobre un buen trabajo honesto. Puede tomar muchas formas, pero vamos a dividirlo en dos tipos básicos: El trabajo con nuestras manos y el trabajo con nuestras mentes.

La mayoría de nosotros probablemente estaría de acuerdo en que sería mejor si usted hace los dos tipos, ya que sería difícil instalar paneles de yeso en el interior de una casa usando sólo las manos y no pensar en lo que está haciendo. Del mismo modo, puede sentarse delante de un teclado con grandes ideas, pero si sus dedos no se mueven, no está trabajando mucho. Sin embargo, vamos a usar estos dos tipos básicos de trabajo de todas maneras.

El trabajo con nuestras manos

Mi amigo Duane es pastor, por lo que gran parte de su trabajo consiste en interactuar diariamente con la gente. Hace algunos años, estábamos hablando sobre lo que podemos hacer para relajar y despejar nuestras mentes. Le mencioné el placer que me causa trabajar en mi motocicleta. Hay algo especial en hacer trabajo manual y práctico. También me gusta la sensación de lograr algo. Cuando cambio el filtro de aceite, es evidente cuando completo la tarea. Los resultados son tangibles. Hemos quitado el viejo filtro e instalado uno nuevo. También me resulta atractivo el hecho de que no estoy envuelto en polémicas. Un tornillo 12 mm y una tuerca de 12 mm van juntos. No hay discusión de cómo cada uno de ellos se siente al respecto.

Duane prácticamente se crió en los campos de trigo de Montana, por lo que disfrutó especialmente de cortar el césped o ayudar con la cosecha de trigo. "¡Es tal la sensación de satisfacción cuando termino de hacerlo!", dice. "Puedo mirar hacia atrás y ver de inmediato lo que he logrado. Mira, hice algo." El trabajo manual puede ser muy gratificante. Cambiar filtros de aceite, arar, tarea completada. ¡Ah!, el valor del buen trabajo duro.

También está la camaradería entre hombres y chicos que se dedican a la mano de obra en conjunto. No estoy sugiriendo que esta sea un área exclusiva para los hombres, pero he observado su prominencia. En las granjas de la región central del país, o en los talleres mecánicos del noreste, hombres y chicos trabajan unos con otros, intercambiando gestos sutiles de afirmación, aceptación y consejos para alcanzar la madurez. No viví eso con mi propio padre, pero la busqué en otros hombres que trabajaban en mantenimiento o en deportes.

Esas interacciones a veces conducen a lecciones más profundas, como sucedió en la siguiente anécdota de Duane:

> *Cada primavera, en la granja y el rancho de Montana donde crecí, el suelo se convertía en lodo cuando la escarcha se mezclaba con la tierra, y nuestros tractores y camiones a veces se atascaban. Cuando estaba en el segundo año de la escuela secundaria, papá finalmente se decidió a poner gravilla en toda el área.*
>
> *Un agricultor que vivía a unos pocos kilómetros de distancia tenía una gravera en su propiedad, y papá me dio la tarea de llevar camiones de gravilla a nuestra granja. Todo funcionaba así: Dejamos un tractor de carga en la gravera, y cuando me bajaba del autobús escolar, llevaba un camión volquete hasta la gravera, usaba el tractor para cargarlo, conducía el camión hasta mi casa, tiraba la carga, regresaba a la gravera, cargaba más gravilla en la parte trasera del camión …y así sucesivamente. Lo hacía hasta la hora de la cena.*
>
> *Como niño de granja, había estado conduciendo tractores y camiones desde que tenía 10 años de edad, por lo que ya era un experimentado operador de maquinarias pesadas. Así que cuando me montaba en el tractor, casi por instinto podía operar esas palancas hidráulicas para mover el tractor hacia adelante y hacia atrás, levantar y bajar el cargador, e inclinar la pala de un lado a otro sin pensar siquiera en ello. Era como que el operador y la máquina eran un ser orgánico … hasta ese momento.*
>
> *Con el cargador bien en alto, vacié una pala llena de gravilla en la parte trasera del camión, puse el tractor en marcha atrás, giré el volante y miré hacia atrás para ver hacia dónde iba, con la intención de alejarme del camión para recoger más gravilla. Pero mi mano*

debe haber golpeado la palanca que baja el cargador, y mientras el frente del tractor giraba, el cargador y la pala bajaron sin que yo lo supiera ... ¡y escuché un crujido horrible!

Pisé los frenos, me volteé y vi que la pala había hecho un agujero de un metro en la puerta del lado del conductor del camión.

Estaba temblando mientras conducía a casa, anticipando la reprimenda que iba a recibir por ser tan descuidado con los equipos pesados. La cabina del camión se sentía como un túnel de viento, ya que el aire soplaba fuertemente a través del enorme agujero. Mi ansiedad aumentaba con cada kilómetro que pasaba, y cuando llegué a la granja, ya mi angustia estaba al máximo nivel.

Conduje el camión hacia el cobertizo y lo estacioné, albergando la esperanza de que papá utilizara un vehículo diferente por el resto de su vida. Tenía tanto miedo que no le dije nada a papá de lo que había hecho.

Tres días más tarde, yo estaba sentado a la mesa comiendo la cena con mi hermana y mi madre. Papá debía llegar pronto a casa de su viaje a la ciudad. En efecto, cuando miré por la ventana, vi el camión con el gigantesco hueco que llegaba. Se me detuvo el corazón. El día del juicio había llegado.

Papá entró en la casa, y sin decir una palabra, se lavó las manos, se sentó a la mesa, se sirvió su plato y comenzó a comer. Me estaba muriendo por dentro mientras observaba todos sus movimientos. Mi garganta parecía hincharse, y no podía tragarme la comida. Con una presión tan intensa dentro de mí que pensaba que iba a estallar, dije: "Papá, siento mucho lo que sucedió con la puerta del camión."

Me preparé para un enojado discurso sobre las consecuencias de la falta de cuidado y sobre asumir la responsabilidad de mis acciones. Sabía que me iba a castigar. Y temía escuchar lo mucho que costaría arreglar la puerta porque, por supuesto, yo tendría que pagar por eso.

Papá me miró directamente. "Está bien", dijo. "Sólo ten más cuidado la próxima vez".

Y eso fue todo. La agonizante carga de culpa que había estado cargando durante tres días, de repente se evaporó. Fui libre de las ataduras que me habían mantenido cautivo. ¡Mi relación con mi papá fue restaurada! ... ¡y yo fui libre!

Ese día, sin saberlo, mi padre me enseñó sobre el poder y la maravilla de la gracia –un amor totalmente inmerecido, pero que se ofrece de todos modos.

Esta historia sobre la gracia se desarrolló directamente desde la experiencia de un trabajo manual. También refleja la importancia del trabajo que hacen los hombres juntos, cómo enfrentan retos y, al menos en este caso, cómo se enseñan unos a otros acerca de la espiritualidad cotidiana.

Trabajar con nuestra mente

Acababa de contratar a Marta a tiempo completo para que formara parte de mi equipo. Habíamos recibido una generosa donación para ayudar a expandir un programa diseñado para ayudar a las congregaciones a comprender mejor la cultura cambiante que les rodeaba. Teníamos a todos alineados, los maestros, los visionarios y los estrategas. Lo que necesitábamos era a alguien para mantener todo organizado, y Marta había sido contratada para ser ese alguien.

Cuando nos sentamos en un restaurante para revisar los detalles y las especificidades de varios eventos futuros, Marta me dijo: "Acabo de leer un artículo que dice que el trabajo administrativo es un ministerio. Eso me ayudó mucho. Nunca había pensado de esa manera. Siempre he mirado a los predicadores, escritores y personas que cuidan de otros, como gente que hace ministerio. Nunca se me ocurrió considerar la administración como una forma de ministerio".

Di un salto sobre la mesa y grité: "¡Aleluya! ¡Alabado sea el Señor! ¡Amén, hermana, amén!"

Está bien, no lo hice. Sin embargo, esa fue mi respuesta interna.

Si, de hecho, el trabajo con los detalles es otra expresión de la espiritualidad cotidiana. El mundo gira alrededor de información administrativa y organizativa —los detalles, lo concreto, el programa. Alguien tiene que determinar cuántas personas se sentarán en cada mesa y cómo vamos a hacer para que esas 500 personas entren por las tres puertas y bajen las escaleras en 30 minutos, de manera que podamos empezar la cena a las 5:00 pm. *Más le vale que tenga una persona con capacidad administrativa para manejar todas esas cosas.* Si no lo hace, usted podría meterse en un gran problema.

Moisés tuvo que aprender por las malas, y casi le costó su matrimonio. Aquí está mi versión de lo sucedido. Si desea leer la historia, la encontrará en Éxodo 18. Moisés se estaba convirtiendo en un adicto al trabajo y no le prestaba suficiente atención a su familia. Su suegro, Jetro (no el de la serie de televisión de 1960, "Los Beverly Ricos"), se entera de que su hija no es feliz. Jetro se sienta con este hombre que trabaja excesivamente para tener una conversación seria. En cuestión de minutos, Jetro crea un sistema de mando, creando posiblemente una de las primeras estructuras organizativas. El sistema permitió que se pudieran escuchar los casos y tomar decisiones pronta y ordenadamente. Podríamos decir que Jetro fundó la industria de consultores de organización.

Esta es la única vez que aparece Jetro en la Biblia. Un capítulo sobre gestión empresarial. Me imagino que le hayan pagado bien. Además, su hija ahora está feliz porque Moisés le está prestando atención a la familia. La última línea del capítulo 18 nos dice todo lo que necesitamos saber. *"Y despidió Moisés a su suegro, y éste se fue a su tierra."* ¡Ja! Traducción: Papá te salvó el trasero, y ahora agarró su pago por servicios de consultoría y se va de paseo al Caribe. Bueno, tal vez exageré un poco; quizás era sólo un campo de golf en el Sinaí.

El trabajo que hacemos es espiritual, incluso si nuestro trabajo no está directamente relacionado con ministerios tales como la religión, la educación o la salud. El mundo tiene necesidad de contadores que entienden matemáticas. Necesitamos bomberos que inspeccionen la seguridad de los edificios y que se arriesguen para salvar personas y propiedades. Nuestros hogares necesitan tanto a los arquitectos que los diseñan como a los constructores que los construyen. Estoy agradecido por el barista que hizo el expreso que estoy bebiendo aquí en esta cafetería mientras escribo este capítulo.

Martín Lutero, el reformador del siglo 16, dio en el clavo cuando dijo, o supuestamente dijo, como dicen:

> "La criada que barre su cocina está haciendo la voluntad de Dios tanto como el monje que ora, no porque ella cante un himno cristiano mientras barre, sino porque a Dios le gustan los pisos limpios. El zapatero cristiano hace su deber cristiano no poniendo pequeñas cruces en los zapatos, sino haciendo buenos zapatos, porque Dios está interesado en la buena artesanía".

¿En qué trabaja usted? Hágalo bien. Es una clara expresión de la espiritualidad cotidiana.

capítulo seis — Moverse

Sin lugar a dudas, él era una de las personas más desorganizadas que jamás había conocido.

Bill nunca parecía capaz de terminar algo, ya fuera una reparación en su casa, un libro que iba a escribir o a veces una frase que había comenzado. Pero tenía un amor que parecía capaz de perseguir y atesorar ... montar en bicicleta.

Antes de su amor por montar en bicicleta, Woodstock tuvo lugar. Sí, el festival de música de 1969 en la granja de Yasgur, al norte del estado de Nueva York. Conduciendo una furgoneta VW clásica, una versión más joven de mi amigo Bill se proponía ser parte de este festival de música rock. En su viaje al festival de música al norte de Nueva York, Bill conoció a gente en el camino, muchos de los cuales estaban atravesando dificultades. En un punto, el coche de una joven pareja se había roto, y Bill les ayudó a repararlo. Más adelante en la carretera, un hombre y su esposa habían tenido un accidente cerca de su campamento y necesitaban que los llevaran a un hospital cercano. En otro punto, un grupo de estudiantes universitarios se había quedado sin comida, pero Bill estaba allí con su estufa Coleman y cocinó avena para ellos.

Nunca llegó a Woodstock, el festival que prometía paz, y del cual Joni Mitchell cantó en su homenaje: "Tenemos que regresar al jardín." Pero aún así Bill fue envuelto en el espíritu del evento ... tal vez el Espíritu mismo. Nunca llegó a la granja de Yasgur, pero fue sin duda parte del movimiento por la paz y el amor, y en su propia forma estaba regresando al jardín.

Bill me entretenía con estas y otras historias de su vida, mientras montábamos en nuestras bicicletas por las carreteras de la costa de Rhode Island. Yo le contaba de mis alegrías y de mis luchas de la vida diaria. Él me escuchaba y me aconsejaba de vez en cuando. Pero con bastante frecuencia, cambiaba el tema y me hablaba de un nuevo proyecto en el que estaba trabajando, o me hablaba de su gran amor por el ciclismo.

Décadas atrás, él había jugado un papel decisivo en la construcción de la pista de ciclismo en el Parque Ninigret, en Charlestown, Rhode Island. También había montado a lo largo y ancho del estado, y parecía conocer a cada propietario de tienda de bicicletas en Rhode Island. A pesar de que montamos juntos en muchas ocasiones en los años antes de su muerte en 2013, mi interés por el ciclismo era a lo más, poco entusiasta.

Aproximadamente un año antes de su muerte, mientras almorzábamos juntos, me dijo: "Siempre tuve la esperanza que adoptaras el ciclismo y lo amaras tanto como yo."

Me quedé sin palabras. Había decepcionado a un amigo –y tenía razón. El amaba el ciclismo, y yo, bueno, a mí sólo me gustaba. Un año más tarde se había ido, y yo había perdido un amigo.

Seis meses más tarde, después de un frío y húmedo invierno y tediosas sesiones de ejercicios dentro de un gimnasio local, recordé una sugerencia que Bill me había hecho años atrás. Parte de mi dificultad para aprender a amar el ciclismo era poder encontrar una bicicleta para mi tamaño. Cuando uno mide dos metros de alto, eso no es tan fácil como parece, y le dije a Bill sobre mi problema.

Eso fue todo lo que hizo falta. "Llamé a Leonard Zinn," me dijo la próxima vez que lo vi.

"¿Quién?"

"Está en Colorado. Hace bicicletas para hombres grandes y altos".

Nunca hice lo que me dijo, pero seis meses después de la muerte de Bill, esa conversación resurgió en mi mente. ¿Me estaría hablando Bill? Llamé a Zinn Cycles, y un mes más tarde tenía una bicicleta que me servía. Ahora estoy montando y me encanta.

En los primeros seis meses de hacer ejercicios y comer bien, perdí 35 libras, y tenía más energía y entusiasmo. Mi doctor finalmente me quitó todos mis medicamentos para el colesterol. (También ayudó que dejé de comer basura.)

Mis aventuras en bicicleta aumentaron. Me uní a varios eventos ciclísticos de caridad: 100 kilómetros en el Tour anual por la Cura de la Diabetes, luego 161 kilómetros en el llamado "Flattest Century Ever". Un año más tarde pedaleé desde Nueva Inglaterra hasta Cleveland, Ohio, a lo largo de la Ruta del Canal de Erie en el norte del estado de Nueva York, con mi amigo Kurt. Había dado un giro tanto física como emocionalmente. La gente hablaba de mi apariencia y mi cambio de actitud.

Durante años me conocían como el Obispo de la motocicleta. Ahora era el obispo de la bicicleta.

En los últimos años, me he dado cuenta de que tanto el ciclismo como mi deporte de invierno, la natación, no son sólo actividades físicas. Son también otras expresiones de espiritualidad cotidiana.

Llámeme loco, pero las revoluciones de las ruedas y mis piernas bombeando ese círculo de bielas y pedales son un tiempo y espacio sagrados. Mientras más me muevo, más conectado me siento con lo sagrado.

Siempre me había sentido culpable cuando la gente me preguntaba sobre mis prácticas espirituales o mi vida devocional. Durante décadas compré libros de devocionales religiosos que consistían en cada día leer un pasaje de la escritura y una lectura corta. He probado muchos de estos libros: *Un Año con Thomas Merton*, y libros de Martín Lutero, Buda y el poeta Rainer Maria Rilke. Todos ellos son encantadores, pero rara vez pasé más allá del 16 de enero. Si usted es del tipo de persona que utiliza una estrategia similar y le funciona, me alegro mucho y siento algo de envidia. Pero a mí nunca me funcionó.

Mi punto de vista amplificado sobre las disciplinas espirituales abarca ahora la mayor parte de mi vida cotidiana: la disciplina de pedalear cuesta arriba una colina en la velocidad más baja de mi bicicleta y ejercitando mis pantorrillas, glúteos y cuádriceps; el ritmo de dar vueltas en una piscina y cada golpe de mi brazo en el agua; los pasos que doy en mi caminata por un sendero del bosque; y un simple paseo por el barrio. Es cuando mi cuerpo se está moviendo que tengo la sensación de una espiritualidad física.

Aceptar una espiritualidad física o basada en el cuerpo ha sido uno de los descubrimientos más importantes en mi comprensión de la espiritualidad cotidiana. Me he dado cuenta de que tengo una espiritualidad cenestésica. La cenestesia es el campo de estudio que se centra en el movimiento del cuerpo. Tal vez usted ha oído este término en el mundo de la educación, donde algunas personas se describen como aprendices de la cenestesia. A medida que uno mueve el cuerpo, los músculos, los tendones y los ligamentos se involucran y ayudan tanto al cuerpo como al cerebro a absorber y retener el conocimiento.

La espiritualidad cenestésica es la espiritualidad física. Es la máxima expresión de la encarnación. Dios es un aprendiz de la cenestesia al encarnar (haciendo lo eterno temporal) en forma de un ser humano llamado Jesús.

Los antiguos conocían esta sabiduría porque gran parte de la espiritualidad en todas las tradiciones reside en el cuerpo, ya sea el yoga, ir en peregrinación o recibir la Eucaristía. El cuerpo es una parte muy importante de la espiritualidad. ¿Puede usted realmente separarse del cuerpo? Aquellos que quieren asentar su espiritualidad exclusivamente en la mente deben recordar que el cerebro también se encuentra en el cuerpo. Intente pensar sin que la sangre sea bombeada desde el corazón hasta el cerebro. Eso no es posible.

En muchos sentidos, estoy sugiriendo que la espiritualidad, y en particular la espiritualidad cristiana, es una espiritualidad cenestésica. Piense en todos los actos en la vida cristiana que requieren de movimientos y del cuerpo: cantar, orar, meditar, adorar y realizar diversos actos de servicio a los pobres, los enfermos y los encarcelados.

Por extensión, hay una espiritualidad que practicamos cuando estamos involucrando nuestros cuerpos en cualquier actividad, ya sea montar bicicleta, nadar, caminar, correr, navegar, remar, practicar deportes o estirarse. En unos minutos, voy a sacar la basura para el garaje y los compuestos orgánicos de la cocina para el montón de compost. Eso no es glamoroso, pero moveré mi cuerpo y practicaré la espiritualidad cotidiana.

Cuando San Pablo pronunció su sermón en la ciudad griega de Atenas, se comunicó con aquellos ciudadanos filosóficos acerca de un nuevo entendimiento de Dios. Su discurso frente a un altar al "Dios no conocido" animó a los atenienses a ver a Dios no en estatuas, sino en los vivos movimientos de la vida. *"Porque en él [Dios] vivimos, y nos movemos, y somos."* (Hechos 17:28). La palabra original en griego que se traduce como 'mover' aquí es kineo, que es la forma verbal de la palabra que nos da cenestésica.

De hecho, espiritualidad del movimiento es tal vez una mejor traducción de la espiritualidad cenestésica. No es sólo el cuerpo, es lo que hacemos con él.

Estamos nutriendo y sosteniendo nuestros movimientos físicos y corporales. Hacemos cosas físicas de las que no nos damos cuenta. Por ejemplo, la próxima vez que esté en una habitación con gente, vea lo que sucede cuando alguien diga: "Vamos a orar." Por instinto, la primera respuesta es el cuerpo. Los ojos se cerrarán, las cabezas se inclinarán hacia abajo o hacia arriba, las manos se juntarán, o los brazos se extenderán con las palmas hacia arriba.

Somos mucho más cuerpo en nuestra espiritualidad de lo que normalmente reconocemos. Estoy abogando para que extendamos la espiritualidad cenestésica a otros aspectos de nuestra vida cotidiana.

Si sus ojos se pueden cerrar para orar, también se pueden abrir para ver la belleza de la naturaleza durante un paseo por el bosque. Si su cuerpo puede arrodillarse para la Eucaristía, sus piernas también pueden ejercer fuerza sobre el pedal de una bicicleta como un acto de oración. Si sus brazos pueden estirarse para orar, también se pueden estirar para nadar. Somos seres humanos. Somos de carne y hueso; alegrémonos por este regalo de la vida ... en todas las formas en las que vivimos y nos movemos y tenemos vida.

capítulo siete — Gastar

El dinero lo es todo para los que vivimos en los Estados Unidos —cómo compramos, cómo vendemos, lo que ganamos. El dinero se impregna en todos los aspectos de nuestras vidas.

Tal vez eso sea cierto en su país también. Sería un día extremadamente raro aquel en el cual usted no maneje dinero, o al menos participe en transacciones diarias que involucren dinero. El dinero es nuestra máxima espiritualidad cotidiana.

¡Alto!, espera un momento. ¿El dinero es espiritual? Pensaba que el dinero era la raíz de todos los males. Bueno, se trata de un poco más que eso. Adentrémonos.

De acuerdo a la Oficina de Estadísticas Laborales en 2017, el estadounidense promedio gastó un total de $ 60 060 en todas sus cosas, desde vivienda hasta panqueques. ¡Hombre!, eso es un montón de panqueques.

Ayer, llevé a cabo un pequeño experimento: Anoté todas las transacciones financieras en las que participé. Esto es lo que descubrí:

6:00 a.m.	Me desperté, me di una ducha, encendí la calefacción de la casa
7:00 a.m.	Desayuné
8:00 a.m.	Me monté en el coche y manejé a la oficina
9:30 a.m.	Comenzó mi día en la oficina, con correos electrónicos, reuniones, conversaciones telefónicas, etc.
12:30 p.m.	Almorcé (sobras de lutefisk que traje)
5:00 p.m.	Manejé de regreso a casa
6:30 p.m.	Cené
7:30 p.m.	Leí
10:00 a.m.	Me fui a la cama

Ese es un día relativamente aburrido, no tan promedio para la mayoría de los estadounidenses. Pero, ¿se fijó en el dinero que se gastó? Tomar una ducha requiere agua caliente, que a su vez necesita corriente eléctrica, lo cual requiere que usted pague la factura de electricidad o de gas. Lo mismo sucede con calentar o enfriar su casa. Luego está el desayuno, el almuerzo y la cena, además de gasolina para los automóviles, neumáticos y hacerse cargo de esa lucecita que dice "chequear el motor" que aparece de repente. Además de eso, están todas las necesidades del mundo moderno, tales como proveedores de correo electrónico, ordenadores portátiles, teléfonos móviles y planes de datos ... ah, y la ropa (que es siempre una buena idea usar cuando va a salir en público). Ya usted debe saber hacia dónde me dirijo. Cuando usted vive en esta sociedad, está gastando dinero. Todo. El. Tiempo. Es automático.

PARE.

Aquí está mi punto: Sí, es automático, pero deténgase por un momento y dese cuenta de que el dinero y la vida son en gran medida la misma cosa. No soy el primero en llegar a esta conclusión. Vicky Robin y Joe Domínguez nos ayudaron a ver el dinero como "La

Energía de la Vida" en su libro de 1992, *La Bolsa o la Vida*. "Energía de la vida" me suena un poco a hippies de California, pero me gusta el trasfondo. Robin y Domínguez desarrollaron una fórmula para calcular el tiempo y la energía que usted tiene y otorgarle un valor en dólares. Es un valioso ejercicio que le ayudará a cuantificar su salario real por hora. Pero le advierto, cuando vea su salario real, usted va a decidir hacer algunos cambios significativos en su vida.

Cómo usamos nuestro tiempo, a qué le prestamos atención y hacia dónde vamos, está todo ligado al dinero. Esta actividad que llamamos vida está profundamente conectada al dinero, lo cual hace que el dinero sea la máxima espiritualidad cotidiana. Usted puede hacer básicamente tres cosas con el dinero: lo puede gastar, y la mayoría de nosotros somos realmente buenos en eso; lo puede ahorrar, y la mayoría de nosotros somos realmente malos en eso; o lo puede donar, y la mayoría de nosotros estamos muy reacios a hacer eso.

Nos encanta gastar dinero. ¿Por qué? Probablemente porque una pequeña sustancia química llamada dopamina se libera en nuestro sistema. La misma está mayormente asociada con el centro de placer del cerebro. Cuando compramos cosas, una pequeñita gota es enviada a nuestro cerebro y nos hace sentir bien. Eso ayuda a explicar por qué la actividad recreativa número uno de la mayoría de los estadounidenses es ir de compras.

Pero, ¿cuántas compras tenemos que hacer en un día para que la dopamina se agote o simplemente no sea suficiente? ¿Recuerda los $ 60 060 de gasto anual del consumidor que mencioné anteriormente? Dos tercios de lo que gastamos es en cosas, y sin embargo, si usted piensa en los tres momentos más gratificantes, estimulantes y gratos de su vida, me supongo que en su lista no incluirá: el día que compré mi camión, la tarde que me encontré unos *jeans* en especial durante el fin de semana en el centro comercial. Lo más probable es que sea algo que usted ha experimentado, como por ejemplo: La cena que tuvimos con unos amigos el mes pasado, el fin de semana con los niños en casa de la abuela, o el viaje de camping al parque estatal.

Por supuesto, todo eso cuesta dinero, pero vamos a hacer una pausa y considerar lo que más satisfacción nos da —¿las cosas o las experiencias?

Gastar dinero es una actividad espiritual. ¿Cómo lo está gastando? ¿Cómo quiere gastarlo?

Ahorrar dinero es muy difícil, sobre todo porque nunca hay suficiente para ahorrar. ¿Se identifica usted con esto? Durante años, viví bajo esa maldición. No importaba lo que hiciera, siempre terminaba el mes sin nada que añadir a la cuenta de ahorros. Yo era un gran derrochador y por mucho tiempo tuve más tarjetas de crédito que cartas para jugar póker. Afortunadamente, una combinación de factores, entre ellos una esposa sabia, el entendimiento de que endeudarse es algo estúpido y un momento en el que tuve que venir a Jesús con mis planes futuros, me obligó a enfrentar mis hábitos de gastos irresponsables.

Después de cierto tipo de rehabilitación voluntaria que me autoimpuse, hice un cambio pequeño pero significativo: Separaba la cantidad que quería ahorrar al principio del mes, lo programé para que fuese deducido automáticamente de mi cuenta de cheques, y luego me las arreglaba para vivir con en el resto.

¡Bingo! Doce meses más tarde, tenía algunos ahorros. Años más tarde, tengo mucho más en ahorros.

Bueno, está bien. Pero, ¿cómo es eso espiritual? He estado esperando que usted me pregunte. Ahorrar dinero es realmente tomar una recompensa que acaba de recibir y usted decide demorar la satisfacción para el futuro. Sí, ahorrar es una forma de gratificación demorada, y si usted practica la gratificación demorada, estará realizando uno de los actos más significativos de crecimiento espiritual.

Cada una de las religiones principales se refiere a esto de varias maneras. Ya sea la filosofía de los estoicos, las Escrituras hebreas, las enseñanzas del Islam, el pensamiento taoísta o la vida de Jesús.

San Pablo describe esta cualidad en sus cartas a los Gálatas. *"Pero el fruto del Espíritu es: amor, gozo, paz, paciencia, benignidad, bondad, fe, mansedumbre y dominio propio."* (Gálatas 5: 22-23 RVA-2015)

Una cita del filósofo estoico Séneca sobre la satisfacción retrasada que se menciona muy a menudo dice: *"Ninguna persona tiene el poder de tener todo lo que quiere, pero si tiene el poder de no querer lo que no tiene, y de alegremente darle buen uso a lo que tiene"*.[9]

Y también está esa maravillosa cita de Lao-Tse en el Tao Te Ching: *"¿Tienes la paciencia de esperar que el barro se asiente y el agua se aclare?"*[10]

Lo encontrará una y otra vez.

Demorar la gratificación es un ejercicio de disciplina y autocontrol que repercute en otras partes de su vida. Los psicólogos y las tradiciones de sabiduría apuntan a la disciplina como una característica fundamental en la madurez de los seres humanos.

Hay una razón por la que el postre se sirve al final. No debemos llenarnos de torta y helado y luego esperar que tengamos espacio más tarde para las zanahorias y el brócoli. Pregúntele a cualquier persona que haya alcanzado algo de mérito, ya sea iniciar un negocio, aprender un instrumento musical o correr un medio maratón. La disciplina diaria de ofrecer un servicio de calidad, practicar el piano o levantarse a las 5 de la mañana para correr diariamente, es la única manera de lograr un objetivo. Ahorrar es lo mismo.

La tercera actividad que hacemos con el dinero es donarlo. Todos hemos leído citas sobre el gozo de dar y cómo es mejor dar que recibir. El problema es que simplemente no lo creemos. Podríamos pensar en ello, pero no actuamos. Sin embargo, ¿cuándo estamos en nuestro mejor momento? ¿Cuándo somos codiciosos y avaros, o cuando somos generosos y desinteresados?

Si usted le pregunta a la gente más cercana a mí, le dirán la verdad: prefieren estar cerca de mí cuando soy generoso. Cuando estoy realmente interesado en sus vidas y escucho atentamente. Cuando estoy dispuesto a invertir mi tiempo, energía y entusiasmo en sus proyectos. Cuando tengo la energía de dejarle una propina más grande al mesero. Cuando quiero escribir un cheque para una causa en la que creo. La generosidad con el dinero, el tiempo y la actitud, es contagiosa. Infectamos al mundo cuando somos generosos.

Empecé a escribir este capítulo enclaustrado en un hotel. Había decidido escaparme varios días para escribir en serio. El problema es que, la segunda noche agarré un desagradable virus estomacal que me incapacitó durante 24 horas. Cuando la mucama llegó en la mañana para limpiar mi habitación, fue tan amable. No sólo limpió mi habitación, también me trajo agua embotellada y algunas galletas.

A medida que empecé a sentirme mejor me preguntaba: ¿Debería dejarle una propina? ¿Cuánto? ¡Ay, Dios!, cualquier cifra por debajo de mil dólares sería un engaño. ¿Por qué? Porque en el momento en que sucedió todo esto, su amabilidad y su voluntad de hacer un esfuerzo especial por mí fue el acto de generosidad más curativo y necesario que yo podría haber experimentado. Verdaderamente contribuyó a mi recuperación.

Al día siguiente me marché del hotel totalmente recuperado y le dejé un billete de veinte dólares. ¿Fui generoso o fui tacaño? ¿Debería haberla dejado mil dólares? ¿Qué hubo en su actitud de preocupación y generosidad de compasión que me proporcionó consuelo y sanidad?

El dinero es la máxima expresión de la espiritualidad cotidiana. Refleja nuestra alma y les da forma a nuestras almas. Es como el agua para los peces y el aire para los seres humanos. Estamos inmersos en él de tal manera que ya no estamos conscientes del mismo.

Pero, por debajo de todas estas acciones en torno al dinero, los efectos de gastar, ahorrar y dar, hay algo más profundo en juego. En la sociedad moderna el dinero representa seguridad, confiabilidad, control y el deseo de una garantía de que todo saldrá bien. Si tenemos suficiente dinero, podemos protegernos de muchas de las fuerzas que tratan de amenazarnos, desestabilizarnos o hacernos daño. Si tenemos suficiente, entonces nos sentiremos seguros.

El problema es que 'suficiente' sigue cambiando. Un estudio del 2018 reveló que la gente quiere de dos a tres veces más dinero del que actualmente tienen.[11] Si sólo tuviera $ 200 más al mes, entonces me sentiría seguro. Hemos aprendido que una vez que la gente tiene esos $ 200 extras al mes, ¿adivine qué? Ya usted lo sabe... queremos otros $ 200. Ahora, no me malinterprete. Existe una clara evidencia de que las vidas de las personas mejoran drásticamente con un aumento justo de salario; y un estudio de la Universidad de Princeton en el 2010 sugiere que la felicidad y la calidad de vida realmente mejoran si el ingreso anual de las personas aumenta a alrededor de $ 70.000 al año.[12] Sin embargo, —de acuerdo con el estudio— después de eso, más dinero no hace una diferencia en cuanto a la satisfacción con la vida.

La espiritualidad cotidiana en torno al dinero podría ser nuestra práctica más desafiante. Todo el tema es digno de un libro entero. ¡Mmm! eso me da una idea. Mientras tanto, vamos a empezar con un paso hacia la conciencia de que cuando gastamos, ahorramos o damos dinero, estamos participando en una expresión de espiritualidad cotidiana. Comprar alimentos es una práctica espiritual, poner el dinero en una cuenta de ahorro para nuestro retiro, es una práctica espiritual y colocar un cheque en el plato de la ofrenda es un acto de disciplina espiritual.

Cuando empecemos a tomar conciencia de estas transacciones, haremos preguntas más profundas como:

> *¿Qué tipo de comida estoy comprando?*
>
> *¿Cómo debería invertir mis ahorros?*
>
> *¿Cuál es la mejor manera de canalizar mis donaciones?*

A medida que avancemos a través de estas y otras preguntas, comenzaremos a ver cómo una espiritualidad cotidiana del dinero es de hecho, todos los días.

capítulo ocho — Dormir

Nuestro anfitrión durante la semana que estuvimos en Honduras, el padre Dagoberto Chacón, me hizo una pregunta sencilla temprano la primera mañana. "¿Dormiste bien?" Sin embargo, la tan temprana hora y mis pobres habilidades en el idioma español, me impidieron entenderlo.

Alguien de nuestro grupo me tradujo.

"Oh, ah ... sí, sí. Muy bueno", le contesté.

La pregunta de Dagoberto era apropiada porque estábamos en unas cabañas muy rústicas y durmiendo en camas aún más rústicas. Pero despertarse con el sonido de los gallos, un burro y las aves en estas tierras altas cerca de la frontera con Nicaragua, hicieron que ignoráramos nuestro dolor de espalda. De hecho, yo había dormido bien después de haber pasado el día anterior mezclando concreto para la construcción de un edificio de la iglesia en la ciudad colonial centroamericana de Yuscarán.

¿Ha notado cuánta curiosidad tenemos con el sueño de otras personas? En todo el mundo, las personas hacen esta misma pregunta que es tan común que nuestra respuesta es a menudo automática. "¿Cómo dormiste?" O, tal vez, "¿Dormiste bien?" Ese intercambio refleja nuestra curiosidad por algo que todos compartimos.

Duermo, luego existo.

¿Existe alguna criatura que no duerma? Según la Fundación Nacional del Sueño, prácticamente todos los animales duermen, algunos más que otros. Por ejemplo, los gatos suelen dormir 15 horas al día, mientras que los delfines tienen la capacidad única de permitir que la mitad de su cerebro duerma, mientras que la otra mitad está activa. ¿No le parece conveniente?

Para los seres humanos, dormir es un requisito absoluto para la vida. Cuando nos privamos del sueño, nos volvemos irritables, nuestra memoria se deteriora y eventualmente pudiéramos enfermarnos y nuestra salud deteriorarse de manera significativa. ¿Quién de nosotros no conoce el impacto de unas cuantas noches de sueño insuficiente?

Dormir no sólo es una necesidad, sino también uno de los grandes placeres de la vida. Deténgase por un momento y considere cómo se siente cuando se despierta después de dormir bien en la noche. A menudo me siento renovado y listo para funcionar. Tengo mucha energía y mi mente está clara. Pero, después de una noche de sueño insuficiente o pobre, bueno, no tengo muchos deseos de hacer nada. Dormir es esencial para los seres humanos; nos ayuda con la memoria y con los músculos y nos protege de enfermedades. Es algo que hacemos ... todos los días o noches.

La perspectiva bíblica sobre el sueño cubre una amplia gama de temas. Ahí está la historia de Jesús durmiendo en la parte de atrás de la embarcación (Marcos 4:38), y una curiosa historia sobre un joven que se quedó dormido y se cayó del altillo del coro en el segundo piso durante un servicio de adoración tarde en la noche. (Hechos 20:9). Dormir también se utiliza como una metáfora de los muertos (Juan 11) y para los inútiles espiritual o físicamente perezosos. (Proverbios 6:4-11). Incluso existe la pregunta implícita de que la ausencia de la presencia de Dios podría ser un indicador de que está en algún lugar tomando una siesta (Salmo 44:23).

En los idiomas originales hebreo y griego, de los cuales se tradujo la mayor parte de la Biblia, tenemos varias palabras diferentes para el sueño, todas con significados ligeramente distintos. Lo que esto nos dice, entre otras cosas, es que el sueño era tanto un tema de interés para los pueblos antiguos como lo es para nosotros hoy en día.

Dormir es una experiencia cotidiana, y al hacerlo, estamos participando en otra expresión de la espiritualidad.

Además de todos los beneficios físicos de dormir, también existen beneficios psicológicos. Cuando dormimos, entramos en esa misteriosa caverna de lo inconsciente. Tenemos la oportunidad de soñar. Los sueños que tenemos están llenos de imágenes e historias que nos conectan con aspectos de nosotros mismos que encontramos divertidos, profundos u horrorosos.

Nosotros sabemos que Dios habla a través de los sueños; lo ha hecho en el pasado (José en Génesis 37 es el más conocido) y creemos que Dios todavía lo hace hoy en día. Tener una guía sabia hoy en día para este discernimiento es esencial para que no utilicemos un sueño para justificar una acción injusta o perjudicial.

Antes de profundizar en la interpretación de sueños, vamos a echar un vistazo a los sueños que se encuentran en las escrituras. ¿Puede pensar en algún pasaje de la Biblia que contenga sueños? En realidad, probablemente podríamos escribir un libro entero sobre todos los sueños en la Biblia; son de hecho numerosos.

Desde el sueño de la escalera de Jacob en Génesis 28:10-17 hasta los sueños de María y José en torno a la concepción y el nacimiento de Jesús (Lucas 1:5-23; Mateo 1:20 y 2:23), los sueños son numerosos en las escrituras.

Nosotros debemos tener en cuenta que aunque usted y yo pensamos en los sueños como esas historias e imágenes que se despliegan cuando estamos dormidos, la Biblia considera los sueños, visiones, trances, apariciones de ángeles y experiencias del espíritu como experiencias muy parecidas. Por ejemplo, el encuentro de Zacarías con un ángel es una visión (Lucas 1:5-23), mientras que más tarde en ese mismo Evangelio, ángeles aparecen después de la resurrección como una visión (Lucas 24:23). El punto es que los sueños, las visiones y los ángeles son todos considerados como revelaciones de Dios.

Aquí está mi pregunta para usted: ¿Cree que este tipo de revelación se detuvo después de los tiempos bíblicos? ¿Detuvo el santo sus esfuerzos para conectar con los seres humanos después de que el libro de Apocalipsis fuera escrito, enrollado y atado? ¿Dejó Dios de hablar en sueños y visiones? No lo creo.

De hecho, sé que Dios todavía habla a través de los sueños, porque yo mismo lo he experimentado. Y no soy el único; he hablado con numerosas personas que han tenido encuentros reveladores con el Santísimo en sueños y visiones. A veces, el contacto es reconfortante, mientras que otras veces es desafiante o confuso, pero cada encuentro es inevitablemente asombroso.

Mientras preparaba este libro, Samanta me escribió acerca de un sueño del cual estaba convencida que era un mensaje de Dios. Ella había pasado por un tormentoso divorcio y estaba teniendo dificultades con sus dos hijas en la temprana adolescencia. La combinación de ser madre soltera, las tensiones financieras y la creciente rebelión adolescente pesaban sobre ella. Recientemente había conocido a un joven alrededor de 10 años menor. Él había expresado su interés en salir con ella, pero Samanta estaba reacia.

Su resistencia se debía a su desconfianza en los hombres en general y en su habilidad de tomar buenas decisiones. Ella creía que no había elegido sabiamente una vez y no quería correr el riesgo de cometer el mismo error dos veces. Me dijo que en medio de todo eso tuvo el siguiente sueño:

"Estoy caminando a través de una vieja ciudad industrial. Las calles están sucias y yo estoy aterrada. Sin embargo, algo me hala o me impulsa a seguir avanzando. Paso por un bar y noto muchos hombres mirándome. Me siento nerviosa. Doblo por un callejón, y al final del mismo, me encuentro a una anciana escondida en una esquina. Está sola, sucia y parece tener hambre. Me arrodillo y le digo: ‹¿Qué necesitas?› Ella me mira y me dice: 'Lo mismo que tú necesitas.' Me desperté inmediatamente respirando con dificultad y con miedo. Durante semanas pensé en ese sueño y lo que aquella mujer me dijo. Por último, me di cuenta que la característica más dominante en aquella anciana era la misma mía. Ella estaba sola y yo también. Llamé al joven, y fuimos a cenar".

Samanta me explicó que aunque ella y el joven solamente salieron un par de veces, aquella experiencia le ayudó a nuevamente tener una vida social más activa; donde pasaba tiempo tanto con amigos como con amigas. Hoy en día, se ha vuelto a casar, y sus hijas superaron la adolescencia. Samanta y su nuevo esposo viven una vida social activa participando de un grupo de música de la comunidad, de su congregación y de un numeroso grupo que van de camping con sus casas rodantes en el verano. Ella no se siente sola. Cuando le pregunté cómo aquel sueño se conectaba a la espiritualidad cotidiana, dijo: "Sinceramente, no sé. Pero siempre recuerdo ese sueño como un regalo de Dios. Es como si Dios hubiera sabido qué mensaje yo necesitaba, pero yo no estaba escuchando. Mucha gente había tratado de conseguirme una cita, o que saliera con un grupo de chicas, o que fuera parte de una liga de bolos. Le hice caso omiso a todos esos mensajes. Así que creo que Dios decidió golpearme con un palo en la cabeza en un sueño."

No todos los sueños son tan lúcidos, y yo quiero que quede claro que tener a alguien que le ayude a entender e interpretar sus sueños es algo sabio. El hecho de que usted tenga un sueño no significa que debe tomarlo literalmente. Por ejemplo, he tenido sueños con mansiones de lujo inmensas y nuevas. Eso no quiere decir que debería ir a comprar una nueva casa. También he tenido sueños de encuentros sexuales con mujeres u hombres, pero eso no quiere decir que debería ir a hacer lo que sucedió en los sueños. Y sólo porque alguien que conocemos tenga un sueño que incluye instrucciones específicas que supuestamente provienen de Dios, no quiere decir que debamos seguir esas instrucciones.

Antes de comenzar a interpretar sueños, sería sabio que consulte a alguien que esté entrenado, autorizado y experimentado en interpretar sueños. He tenido un compañero en este trabajo durante casi 40 años, y eso ha sido un salvavidas y un protector del alma. También ha sido un recordatorio de que cada noche que dormimos es una aventura ... y una aventura espiritual, además.

Pero la espiritualidad cotidiana de dormir no se limita a sueños y visiones. El mismo acto de dormir es una práctica espiritual. Todas las noches nuestros cuerpos nos llaman a un tiempo de descanso. Esto es un tipo de Sabbath, esa antigua práctica de dedicar un tiempo a recuperarnos. Tradicionalmente, se ha pensado en esto como un día de la semana, normalmente el domingo para los cristianos o el sábado para los judíos o el viernes después de las 12 del mediodía para los musulmanes. El Sabbath no es sólo un día de descanso, pero también un tiempo de descanso. Cuando usted se dirige a su cama en la noche, está entrando en un tiempo sagrado. Su cerebro, su corazón y sus músculos necesitan tiempo para recuperarse. Ese reposo nocturno es una expresión de la espiritualidad cotidiana.

Y cuando usted es bendecido con dormir bien durante la noche, y se despierta sin la ayuda de una alarma, sintiéndose descansado y feliz, quédese allí, aunque sólo sea por un minuto. Disfrute de esa sensación. Disfrute ese momento de espiritualidad cotidiana.

capítulo nueve — Reír

Había vivido una larga vida que giraba alrededor de su amor por su familia y la hospitalidad, pero a la edad de 90 años, su salud se agotó y falleció tranquilamente con su esposo de 94 años de edad a su lado.

A raíz de la muerte de cualquier persona, viene el ritual de decidir a dónde deben ir las pertenencias del difunto o difunta. Para sorpresa de muchos de nosotros, el artículo de su patrimonio que la mayoría de la gente quería era un cuadro titulado *Jesús Riendo*. Esta pintura de 1976, por Ralph Kozak, está disponible al público y el cartel se puede comprar en las tiendas y en Internet por menos de $ 10. Pero cuando murió mi suegra, fue un poco sorprendente ver cuanta demanda tenía su ejemplar.

Jesús Riendo, el título de la pintura, me hace sonreír. ¡Cuán agradable imagen!

¿Pueden la risa y lo sagrado relacionarse? Absolutamente. El teólogo del siglo 20 Reinhold Niebuhr, más conocido como el autor de la oración de la serenidad, dijo esto sobre la risa y la fe: "El humor es, de hecho, el preludio de la fe; y la risa es el principio de la oración."[13]

Cuando usted se ríe, está orando; está expresando uno de los dones más grandiosos de Dios. Mucha gente en nuestra sociedad americana contemporánea, probablemente estaría de acuerdo con esta afirmación. Pero no hace mucho tiempo –y hasta la fecha en algunos sectores– la religión se considera como un asunto serio. Para algunas personas, sus experiencias con la religión fueron tan serias que tuvieron un efecto perjudicial.

Esto parece ser lo que le pasó a mi abuela. Criada en una familia de origen alemán en Long Island City, Nueva York, a principios del siglo 20, asistió a una estricta congregación luterana alemana. Tan severa era la predicación, tan llena de estrictas y críticas interpretaciones de la fe cristiana, que tras su confirmación, a la edad de 15 años, hizo este voto, el cual me reveló cuando yo era un joven que entraba en el ministerio: "Si esto es Dios, esta deidad dura y crítica, entonces, si alguna vez tengo hijos, no voy a criarlos en esta fe."

Ella me dijo que siempre tenía la sensación de que Dios era bueno y generoso, a pesar de que le habían enseñado lo contrario. Su temprano voto de confirmación la condujo a la decisión de no criar a sus hijos –mi madre, tía y tío– en la Iglesia Luterana.

Con los años, cuando le he contado esta historia a la gente de las generaciones mayores, me han confirmado que sus propias experiencias fueron similares. Para la mayoría de las generaciones anteriores, la vida de un cristiano no era de libertad, gracia y gozo. En cambio, la vida cristiana se trataba de actitudes severas y serias y, con frecuencia, acompañadas de fuertes autocríticas hacia uno mismo y el mundo. En algunos sectores, ese panorama aún prevalece. Pero, ¿es de eso realmente de lo que se trata la fe de Jesús?

Creo que la pintura de Ralph Kozak de Jesús riendo es una representación más exacta de esta fe.

¿La Biblia apoya eso?

> Job 8:21: *"Dios llenará tu boca de risa, y tus labios de júbilo."*
>
> Salmo 126:2: *"Entonces nuestra boca se llenará de risa, y nuestra lengua de alabanza; entonces dirán entre las naciones: grandes cosas ha hecho Jehová con éstos."*
>
> En Gálatas 5:22-23 el apóstol Pablo escribe: *"Mas el fruto del Espíritu es amor, gozo, paz, paciencia, benignidad, bondad, fe, mansedumbre, dominio propio ..."*

No se puede hablar de este tema de la risa y la Biblia sin mencionar al hombre cuyo nombre significa risa: Isaac. Su nombre proviene de la palabra hebrea *Yitzchaq*, que significa "él se reirá; reírse y regocijarse." Todo esto está ligado a este hombre cuya vida de risa comienza incluso antes de nacer. Puede encontrar todas las historias de Isaac en Génesis 15 al 24.

En resumen, el padre de Isaac, Abraham, se queja con Dios de que la promesa de que iba a hacer de él una nación con descendencia tan numerosa como las estrellas es poco probable que suceda porque, bueno, "Tengo 99 y no tengo hijos." (Mi traducción.) Entonces Sara, esposa de Abraham, escucha una profecía de que dará a luz a un niño a pesar de que ya tiene 90, y recibe dinero de la Seguridad Social y de una pensión. Ella responde estallando en risa.

Lo siguiente que sabemos es que la anciana Sara está realmente embarazada, y cuando usted da a luz a un niño en esas circunstancias, ¿qué otra cosa se supone que haga que no sea ponerle como nombre "La Última Risa" o Isaac? Este mismo niño es el que termina en la perturbadora historia de un posible sacrificio y le perdonan la vida en el último momento. Me imagino que hubo risas de nervios y alivio por el desenlace final.

Hace varios años, mientras hacía un viaje a Palestina e Israel, fui parte de un grupo que tuvo la oportunidad de visitar los lugares tradicionales donde enterraron a Isaac y a su esposa Rebeca. El sitio es considerado un lugar sagrado para judíos, musulmanes y cristianos, pero a causa de su ubicación en la ciudad de Hebrón, no recibe tanta atención como otros lugares sagrados en la llamada tierra Santa.

Hoy día, Hebrón está en el centro de prácticas controversiales por parte del gobierno israelí en los asentamientos. Hay una gran tensión entre los judíos ortodoxos, los colonos y los musulmanes palestinos que residen en el área. Cuando estuvimos allí, los voluntarios del Consejo Mundial de Iglesias estaban supervisando la actividad de los soldados israelíes. Nuestro grupo fue testigo de cómo un niño de tal vez ocho o nueve años era detenido por soldados israelíes. Desde nuestro punto de vista, la manera en que lo trataron nos pareció rigurosa y excesiva. Poco apropiada para el lugar donde fue enterrado aquel hombre llamado Isaac. La risa no era visible.

Por la tarde, nuestro grupo pudo visitar tanto el lado de la sinagoga como el de la mezquita de este sitio en honor a Rebeca e Isaac. Hay dos entradas independientes, y no se puede cruzar de un lado a otro sin salir. En medio de este entorno de alta tensión, me vino un recuerdo particularmente único de que la espiritualidad de Isaac es la de la risa.

Una regla dura y rápida que la policía israelí cumple es la entrada restringida a la sinagoga / mezquita. Ellos no quieren judíos entrando a la mezquita, ni musulmanes entrando a la sinagoga. En mi opinión, esta y otras prácticas, aunque reflejan preocupaciones legítimas de seguridad, impactan negativamente la posibilidad de coexistencia pacífica. Debido a la prohibición contra los musulmanes, que no les permitía entrar a este sitio, nuestro grupo de estadounidenses podía entrar a la sinagoga, pero nuestro guía no. Como erudito y guía turístico de los lugares bíblicos, siempre había querido ver todo el edificio. Esto es, después de todo, sobre Isaac y Rebeca, que son tan fundamentales para el islam como lo son para el judaísmo y el cristianismo.

Cuando nos acercamos a la puerta de entrada, dejaron entrar a todo nuestro grupo, incluyendo a nuestra guía. Una vez en el recinto, todos tuvimos un tiempo agradable, pero respetuoso, tomando fotos y selfis con nuestro guía. Una vez dentro, hicimos el recorrido. Después de concluida la visita, fuera del recinto, continuamos un poco con nuestro júbilo reservado. Nuestro guía había estado dando recorridos durante años y nunca antes le habían permitido entrar. Ahora nos regocijamos y nos reímos en celebración del espíritu de Isaac.

La palabra gozo aparece 267 veces en la Biblia. Setenta y una veces leemos la palabra risa o reírse. ¿Con qué frecuencia vemos palabras y frases tales como gozo, alabanza, y aleluya? El gozo es un tema dominante, y yo diría que es el núcleo de la fe cristiana.

En algunas tradiciones litúrgicas, el lunes después del Domingo de Pascua se ha separado como el Día que Jesús Rio o el Día del Humor Santo. Un amigo mío solía disfrutar de una noche de entretenimiento con los miembros de su congregación. Iban a un bar y contaban historias divertidas sobre la muerte. Él invitaba a directores de funerarias o a trabajadores del cementerio y les pedía que contaran historias divertidas sobre su trabajo. La idea era reírse de la muerte como lo hizo Jesús cuando resucitó. Este enfoque irreverente no estuvo exento de polémica ya que algunos pensaron que el tema era demasiado morboso.

La palabra hebrea más comúnmente utilizada para gozo es *simcha* o su sinónimo *sa-son*. Entre ambas aparecen 400 veces en la Biblia hebrea. La palabra griega en el Nuevo Testamento es *chara*. A partir de ahí obtenemos su raíz, una palabra que San Pablo utiliza con frecuencia, llamada *charis*, que vemos en las traducciones al español como gracia.

Es posible realizar diversas conexiones aquí, como carisma o carismático, e incluso la palabra Eucaristía, que hace referencia al sacramento de la comunión. La comida de la Gracia es la comida del Gozo y la Risa.

Según el profesor Lee Berk, quien ha investigado los beneficios de la risa por más de 30 años, puede que la risa no sea la píldora mágica para estar bien, pero de seguro se le acerca.

La risa reduce las hormonas del estrés, como el cortisol, y aumenta la expulsión de buenos neuroquímicos, como la dopamina. (Usted probablemente ha notado muchas referencias a la dopamina en este libro. ¡Mmm!, debe estar pensando que tal vez debería haber escrito un libro llamado *La Dopamina y la Espiritualidad*). Según Berk, la risa puede estar vinculada a beneficios para la salud que van desde niveles inferiores de inflamación hasta mejoría en el flujo sanguineo.[14]

Norman Cousins fue probablemente el primer autor / paciente en experimentar y escribir sobre los beneficios de la risa. Su clásico libro de 1979, *Anatomía de una Enfermedad*, una crónica de la primera vez en que un paciente ha trabajado en colaboración con su médico para experimentar con el impacto de la risa en su recuperación. Cousins, que había sido diagnosticado con una enfermedad paralizante del tejido conectivo, fue informado por sus médicos de que sólo tenía una probabilidad de 1 en 500 de recuperarse.

Él forjó su camino hacia la cura con una combinación de grandes dosis de vitamina C e intensos ataques de risa provocados al ver comedias de cine y televisión. Su habitación del hospital estallaba de alegría mientras episodios del Gordo y el Flaco, Candid Camera (*Cámara Oculta*) y Los hermanos Marx provocaban que el paciente, y muchos que lo cuidaban, estallaran de la risa. Enfermedades posteriores también fueron tratadas con vitamina C y risa, además de vigorosos ejercicios y una dieta saludable.

Cuando murió en 1990, Cousins había vivido 36 años más de lo que los médicos esperaban después de su diagnóstico inicial.

Todos sabemos lo que se siente al pasar tiempo con alguien que tiene un gran sentido del humor. Mi amigo David siempre me hace reír. Él y yo tenemos opiniones muy diferentes sobre muchos aspectos de la vida, incluyendo la política, pero cuando estoy con él, me río y río de sus historias, sus comentarios editoriales e incluso de la forma en que se burla de sí mismo.

La risa es realmente buena para el cuerpo y el alma. Pero, ¿puede usted reírse por sí mismo? No estoy seguro. Sí, puedo verme riendo por mí mismo mientras veo a un comediante en Netflix. Sin embargo, creo que la risa se disfruta mejor cuando estamos con otras personas.

Reír y tener amigos son dos de las mejores cosas que puede hacer por su salud y bienestar. Y si puede hacer ambas al mismo tiempo, esa es la práctica máxima de la espiritualidad cotidiana.

Sección Dos

Cosas Que Hacemos Cada Semana

Hacer Amigos

capítulo diez

Cada jueves por la noche, Donna se esfuerza por manejar 30 minutos más de lo ordinario para cenar y disfrutar de una noche de juegos. Es el momento más destacado de su semana en medio del frenético ritmo de la vida moderna.

Hace unos años, Donna estaba deprimida y resentida con el mundo que había creado para sí. Su vida consistía en sus hijos, un cónyuge que trabajaba duro, constante actividad familiar y su propio trabajo agitado y exigente. Era lo que deseaba cuando se casó, pero esa vida había comenzado a devorarla. Sufría de una depresión leve, y aunque no se definía clínicamente como tal, su vida estaba marcada por muchos de los síntomas de la depresión: gran ansiedad, falta de sueño, aumento de peso y una sensación de falta de propósito. Iba por mal camino.

Después de una larga serie de conversaciones nocturnas con su esposo, se dio cuenta de lo único que podría salvar su alma: la amistad. La pareja participaba de muchas actividades y conocía a muchas personas, pero Donna necesitaba relaciones más profundas. Ansiaba pasar tiempo regular con las personas que mejor conocía.

Con la esperanza de poder tener una conversación honesta, sin drama y poca planificación, contactó a María, una vieja amiga de la escuela secundaria, y las dos se volvieron a conectar fácilmente. María vive en la ciudad costera de Hingham, Massachusetts, mientras que Donna vive en las afueras de Sudbury, también en Massachusetts. La distancia entre ellas es de 45 minutos si no hay otros coches en la carretera, pero la realidad del tráfico de Boston hizo del viaje una pesadilla. Después de varias conversaciones telefónicas, se les ocurrió la idea de reunirse una noche a la semana con varias mujeres en un punto medio.

Las primeras cenas fueron muy divertidas y les sirvieron para volver a conectar sus vidas dispares. Pero para la cuarta cena, ya se habían puesto al día, y parecía que sus salidas semanales estaban en peligro de desaparecer. En la quinta noche, una de las mujeres llegó con el juego de cartas Trivial Pursuit. La idea era jugar una ronda esa noche, pero en cambio, se convirtió en una nueva rutina.

Ahora, todos los jueves, Donna, María y otras tres amigas se encuentran en el mismo restaurante para su juego semanal. "No es el juego lo que a mí me importa, ni a ninguna de nosotras", me dijo Donna. "Es el contacto regular y consistente con personas que son mis amigas. Hablamos de todo, desde política hasta los hobbies de la familia".

Cuando le pregunté si hablaban de la fe, se detuvo antes de contestar. "Si se refiere a religión, o Dios, o la iglesia, entonces yo tendría que decir que no; realmente no. Pero si se refiere a la vida y sus esperanzas y desilusiones, entonces yo diría que definitivamente sí".

Esta corta historia destaca uno de los principios centrales de este libro, que es que la gente está encontrando su espiritualidad en formas que no son consideradas tradicionalmente como prácticas espirituales. Aunque hablar de Dios no es una práctica del grupo de Donna y María, está claro que la amistad es una fuente de vida, renovación, conexión. En muchos sentidos, este grupo de amigas salvó el alma de Donna. Ella se dirigía a la destrucción emocional, y posiblemente de la familia, antes de descubrir su espiritualidad en esta comunión con amigas.

Innumerables estudios ponen de relieve la creciente soledad de los estadounidenses. En 2018, el grupo de Seguros CIGNA informó que los estadounidenses se sienten más solos de que lo se han sentido en décadas.[15] Otro estudio sobre la soledad realizado en 2010 hizo el sorprendente descubrimiento de que la soledad extrema tiene los mismos efectos perjudiciales para la salud que fumar 15 cigarrillos al día.[16]

Como la sociedad ha adoptado un ritmo más rápido de comunicación y actividad, nos hemos encontrado cada vez más aislados los unos de los otros. Las redes sociales pueden alimentar nuestro aislamiento cuando vemos a otros poniendo mensajes alegres con imágenes de niños felices y hermosas vacaciones. La realidad es que todos estamos más solos que nunca.

Yo sé de qué estaba hablando Donna cuando dijo que su caótica vida carecía de amistades significativas. Poco después de ser elegido como Obispo del Sínodo de Nueva Inglaterra, me di cuenta de que el trabajo implicaría un cambio de dinámica en muchas de mis relaciones. No eran las largas horas que pasaba solo manejando o volando las que me aislaban, más bien disfruto estar a solas. Lo que había cambiado era la dinámica en mis relaciones; ya no podía ser abierto y honesto acerca de mis pensamientos, sentimientos y actividades de la vida. Ahora había una pequeña distancia que requería que estuviera atento a lo que estaba diciendo. Esa distancia es parte del territorio de liderazgo y de una mayor responsabilidad pública.

Rápidamente me di cuenta de que necesitaba un grupo de personas, o para ser más específico, de amigos; gente que me aceptara con todas mis faltas y mis dones. Tomé la decisión intencional de hacer amistad o rehacerla con varias personas con las que había perdido el contacto a lo largo de décadas, algunos de los cuales viven al otro lado del país. También reactivé mis conexiones con personas que no tienen contacto con, ni interés por, mi ambiente de iglesia. Tuve que esforzarme intencionalmente en hacer amistades, pero ha valido la pena. Esas amistades son de hecho inspiradoras. Nuestras conversaciones son raramente acerca de Dios, la oración o la religión, y, sin embargo, después de pasar tiempo con un buen amigo, a menudo me quedo con la sensación de que soy aceptado … lo llamo Gracia.

La gracia de la amistad es el sentido intelectual y emocional de que he estado con alguien que aguanta mis cosas, mis hábitos extravagantes y mis débiles intentos de impresionar a los demás. Me llama la atención por esas tonterías, pero de una manera que comunica su amor por mí. ¿Quiénes son estas personas en nuestras vidas? Son los amigos que están con nosotros tanto en los tiempos de prueba como en los momentos de gran alegría. Mis amigos me permiten hablar incesantemente de mis nietos, y toleran mis quejas sobre algún aspecto del trabajo. ¡Qué regalo!

Las Escrituras contienen muchos relatos de compañeros, amigos y personas que caminan juntos por el valle de la vergüenza, el tumulto o las celebraciones. Si bien nosotros tenemos la tendencia de pensar que las personas logran grandes cosas, la verdad es que los logros raramente se alcanzan solos. Moisés tenía a Aarón, Ruth y Noemí se tenían la una a la otra y David tenía a Jonathan. Existe la tentación de ver a Jesús como una figura solitaria, logrando una misión que se basa enteramente en la búsqueda individual, pero sospecho que escoger a 12 discípulos fue un esfuerzo intencional por cultivar amistades.

Las personas que nos rodean nos forman, y los amigos que mantenemos nos traen vida.

El filósofo Aristóteles fue uno de los primeros en reflexionar sobre el valor de las amistades.[17] El veía las amistades como uno de los verdaderos gozos de la vida y las clasificó en tres tipos diferentes: amistades de utilidad, amistades de placer y amistades de lo bueno.

Las amistades de utilidad son aquellas relaciones que tienen calidad transaccional. El intercambio puede ser mutuo, pero está basado en los beneficios que aporta cada persona. Nuestros compañeros de trabajo o socios comerciales son ejemplos de esta amistad. Sí, somos amigos, pero de alguna manera, la amistad gira alrededor de un intercambio de información, habilidades, o de alcanzar algún otro objetivo.

Las amistades de placer son aquellas en los que las personas se conectan en torno a un evento o actividad que trae consigo gozo, satisfacción o realización. Las personas que pasan mucho tiempo juntos porque les gusta la jardinería, la pesca o la música que sus hijos están tocando en una banda de la escuela, son ejemplos.

Las amistades de lo bueno son las más importantes de los tres tipos, según Aristóteles. Estas amistades se basan en el respeto mutuo, el deseo de ayudarse mutuamente y de apreciar las capacidades y características de cada uno. Tenemos la tendencia a carecer de este último tipo de amistades en nuestras vidas, sin embargo, es el que más necesitamos.

Las amistades de lo bueno se cultivan con el tiempo. Rara vez nos tropezamos con ellas de una vez, aunque también ha sucedido. La ruta más común es una serie de eventos, actividades, cenas, vacaciones, salidas y conversaciones durante un periodo de tiempo. Este camino es un camino largo y sinuoso, que a menudo incluye momentos de angustia y vulnerabilidad. Normalmente, cuando atravesamos tiempos difíciles junto a otra persona, la amistad se solidifica. Tal vez las amistades de lo bueno sólo pueden desarrollarse cuando hemos pasado juntos malas experiencias.

¿Está pasando tiempo con amigos? Entonces usted está participando de la espiritualidad cotidiana. Dios está en los picnics, los viajes a acampar, las fiestas en los estacionamientos, las noches de juegos, las conversaciones en las cafeterías y las reuniones en las banquetas de la barra. La próxima vez que salga por la puerta para pasar tiempo con un amigo cercano, puede decir: "Voy camino al partido de los Medias Rojas con mi guía espiritual. Estaremos orando por cuadrangulares y compartiendo perros calientes y cerveza".

capítulo once — Confiar

Paulina y Roberto estaban celebrando su 50 aniversario de casados en una de esas pintorescas posadas campestres de Nueva Inglaterra. Era un edificio clásico de la época colonial, con pisos de madera y tuberías interiores al descubierto que habían sido añadidas mucho después de la época colonial para acomodar la plomería interior. Me atrevo a decir que es uno de los inventos que menos apreciamos en este tiempo. ¿Se recuerda como era la vida antes de que tuviéramos plomería interior? Por supuesto que no se acuerda. Pero, imagíneselo.

Mientras los familiares y amigos se reunían para la comida del mediodía, se dieron los discursos y elogios habituales. En algún momento durante el medio tiempo –esa pausa entre el plato principal y el postre cuando los nietos se ponen inquietos y los adultos necesitan hacer uso de la plomería– me di cuenta de que Paulina estaba sentada sola. Me acerqué y me senté, y charlamos un poco. Entonces, medio en broma, le pregunté: "Bueno ... ¿cincuenta años con ese tipo? ¿Cómo lo hicieron?"

Se detuvo, pensó por un momento, me miró y dijo: "Peleamos muy bien."

Ambos nos reímos, pero su humor era en serio. Lo que ella me estaba diciendo era la verdad ancestral de que las relaciones humanas son complicadas. Es imposible que usted pueda estar con otra persona durante 50 años y no tener discusiones, desacuerdos, rabietas y peleas. ¡Rayos! Intente estar en una relación con alguien durante 50 horas sin que surjan diferencias. Es parte de quienes somos como personas.

Voy a ir más allá y decir que sólo al descubrir nuestras diferencias es que realmente nos convertimos en totalmente humanos.

Cuando Paulina pronunció esas palabras: "peleamos muy bien", ella estaba diciendo que puede que peleemos bien, pero también nos perdonamos bien. Después de todo, todavía estaban juntos después de 50 años de peleas. Aunque supongo que es posible que la gente acumule sus sentimientos durante cincuenta años, creo que, en la mayoría de los casos, las personas aprenden a perdonar.

Llegar a conocer a otra persona es, posiblemente, nuestra más gratificante y desafiante práctica espiritual. De acuerdo al fallecido erudito de la Reforma, Roland Bainton, Martín Lutero, el ex monje que se casó con una ex monja, Catalina, señaló esto mismo cuando comentó: "Porque es en el matrimonio donde se pulen las esquinas."

No limitemos esta oportunidad para la práctica espiritual en el matrimonio; también puede ocurrir en el contexto de otras relaciones a largo plazo. Pero sí quiero hacer hincapié en que el poder de las relaciones sostenidas a largo plazo es el lugar donde ocurre la madurez espiritual.

Uno de los retos más significativos de vivir en un mundo complejo es la dinámica de sostener una relación amorosa a largo plazo. Las fuerzas que asedian a las personas no deben ser subestimadas. Estas incluyen las presiones sociales, las demandas económicas del mercado, el entretenimiento moderno y nuestras propias necesidades psicológicas. Todo eso –y más– hace que sea difícil mantener una relación a largo plazo con otra persona.

Confiar

El proceso de construir y reconstruir la confianza es el núcleo de nuestro trabajo con las personas con las que vivimos y compartimos nuestras vidas. No conozco ninguna otra manera de establecer confianza con otra persona que no sea en la inversión lenta, constante y provechosa de tiempo y energía. Eso es un trabajo largo y bueno. Es un maratón, no una carrera de velocidad, para citar al antiguo filósofo de la televisión, Dr. Phil.

La confianza se construye a medida que avanzamos de ser conocidos, a tener familiaridad, a una relación de amistad duradera; y eso sucede a medida que compartimos nuestras esperanzas, sueños y vulnerabilidades. El cambio es gradual, al tiempo que nos preguntamos: "¿Cuánto de mí mismo puedo revelar a esta persona?" Paso a paso nos abrimos, y esperamos a ver si la otra persona también revela una parte de sí misma. No podemos apresurar este proceso. Pero cuando nos involucramos gradualmente en esta práctica de edificar la confianza, nuestras relaciones prosperan y la madurez espiritual toma lugar.

El patrón en este libro hasta ahora ha sido presentar una historia relacionada, por lo general de la Biblia, o quizás de otra tradición. El reto es encontrar una narración concisa que ponga de relieve nuestra experiencia de espiritualidad cotidiana. Lo que hace que la Biblia hebrea y el Nuevo Testamento cristiano sean tan ricos en recursos es la frecuencia con que se relacionan con la vida ordinaria. Reconozco que no solemos ver el libro de esa manera, pero es verdad. Especialmente cuando se trata del tema de la confianza.

La Biblia está llena de historias en las cuales se construye, destruye y reconstruye la confianza. En muchos sentidos, la relación entre Jesús y su seguidor Pedro es un ejemplo típico. Los dos parecen unidos desde el momento en que se encuentran. Uno se pregunta si se conocían antes de su encuentro en las costas de Galilea. En el curso del tiempo que estuvieron juntos, Pedro y Jesús experimentan un interminable sube y baja de confianza perdida y recuperada. La lealtad y la confusión de Pedro abundan con regularidad, culminando en su negación de Jesús durante el momento de la detención de Jesús, pero al final, Jesús y Pedro se reúnen nuevamente en los días posteriores a la resurrección.

El vínculo entre Pedro y Jesús se asemeja a muchas amistades con el paso del tiempo. En el pueblo donde vivo, sigo impresionado con la gente que conozco que crecieron juntos aquí, fueron a la misma escuela, trabajaron en los mismos bares, se casaron y ahora están criando sus hijos en el mismo parque donde una vez ellos jugaron. Tienen amistades que han superado insignificantes desacuerdos, pérdidas profundas y el pasar del tiempo.

A pesar de que se necesita tiempo para construir la confianza, en una fracción de segundo, esa confianza puede destruirse de manera irremediable. Todos conocemos esos momentos cuando las palabras que dijimos o el comportamiento que tuvimos causaron daños a nuestra unidad. ¿Cuántas veces usted ha dicho o hecho algo, y ha deseado tener un botón para rebobinar y editar?

Puedo recordar un episodio así en mi propia vida con sorprendente claridad. Era 1989, y mi esposa Lisa y yo vivíamos en Brooklyn, Nueva York. En ese día en particular, nuestro hijo de tres años de edad, estaba jugando en la sala de estar, Lisa estaba en la cocina, y yo estaba arriba, en la vieja casa de piedra rojizas. La bocina de un auto sonó desde la parte delantera de la casa. Bajé corriendo, emocionado por recibir la entrega de un bastante nuevo Toyota de color azul claro de solo tres años. Después de intercambiar todos los trámites con Joey, que acababa de convertirse en el antiguo propietario, entré a la casa.

"¿Qué fue todo eso?", preguntó mi esposa.

"Oh, ese era Joey que vino a entregarme nuestro nuevo carro."

"¿Qué nuevo carro?", preguntó.

"Oh, ¿no te lo dije?"

Pueden imaginarse los desafiantes y helados días en nuestra casa.

Una de las lecciones que tenía que aprender como hombre muy joven estaba relacionada con el significado de tomar decisiones en conjunto. Tomó tiempo y muchas decisiones tontas de mi parte. En pocas palabras, digamos que yo sí aprendo de mis errores, pero a veces tengo que cometer muchos errores antes de aprender la lección. Décadas más tarde, finalmente mi esposa y yo conseguimos ponernos de acuerdo en términos de nuestra planificación financiera y toma de decisiones. Ese proceso se trató realmente de construir y reconstruir la confianza. Mis esquinas verdaderamente fueron pulidas, mi terquedad suavizada y mi inmadurez desafiada. Ha sido un proceso de maduración espiritual gradual.

Debo ser claro y preciso en mi descripción de lo sucedido, para que usted no piense que esta es una de las expresiones de la cultura popular sobre la esposa estando a cargo, o la mujer en la relación que tiene el doble papel tanto de mujer como de madre del hombre. Eso no es lo que experimenté en absoluto, y si usted hablara con Lisa, ella le contaría que su propia experiencia fue de crecimiento mutuo. Pasamos por ese proceso juntos.

Aunque cada uno de nosotros trajo nuestras propias necesidades, inseguridades y vulnerabilidades a nuestro matrimonio, también trajimos oportunidades, dones y áreas de madurez. El baile de más de treinta años al que nos hemos dedicado, incluye una amplia aceptación mutua. Ha habido momentos en los que ella ha tolerado mi estupidez, impulsividad y tendencias egoístas. Por otro lado, he permitido que su ingenuidad ocasional y su terquedad se manifiesten. Hemos intentado, aunque de manera bastante imperfecta, darnos mutuamente oportunidades para fracasar, así como oportunidades para tener éxito. Eso ha sucedido no sólo porque nos amamos, sino también porque nos caemos bien.

Una de las grandes bendiciones de nuestra relación, nuestra amistad, nuestro matrimonio, es nuestro deleite en pasar tiempo juntos. Esperamos con ansias las vacaciones, los proyectos y las cenas juntos. Ese genuino "caernos bien" es un tremendo regalo. No se vaya usted a creer que todo es color de rosas aquí en nuestro hogar, hemos descubierto algunas áreas en las que es mejor no trabajar juntos. Probablemente colocaría la jardinería y los trabajos en el patio al principio de esa lista. No son cosas en las que soy muy bueno.

Ah, y si usted se está preguntando qué sucedió con el Toyota azul claro. Sí, lo vendí tres semanas más tarde.

La conclusión es que, en las relaciones a largo plazo, el solo hecho de estar unidos es una forma de espiritualidad cotidiana. Es donde Dios trabaja en los niveles más profundos de nuestras almas y mentes, edificando la confianza que tan desesperadamente deseamos.

capítulo doce
Preguntar

En estos días vemos calcomanías en los parachoques de los carros que anuncian las preferencias políticas del conductor, su equipo deportivo favorito o su filosofía de la vida. En la década de 1960 había una calcomanía muy popular que decía: "Cuestione la Autoridad." Con ese grito de guerra, una generación más joven anunciaba su desconfianza en las decisiones que tomaban las viejas generaciones. Hoy en día, esa generación más joven es la vieja guardia, y ahora son ellos los cuestionados por la nueva generación. La vida es un ciclo.

Las preguntas son formas saludables y significativas en que los seres humanos aprenden, crecen y se desafían unos a otros. Las preguntas, además, son unos de nuestros mejores recursos para redescubrir la espiritualidad cotidiana.

¿Qué forma de comunicación usó Jesús más que cualquier otra?

Usted podría sentirse tentado a decir parábolas o historias. Tendría razón en muchas maneras, ya que esa era una forma muy dominante de comunicación para él y las parábolas son tan vívidamente memorables. La mayoría de los eruditos cuentan 41 parábolas en los evangelios y debaten sobre si algunas de las historias del Evangelio de Juan son alegorías o parábolas. Vamos a dejar que los contadores lleven la cuenta mientras nosotros nos limitamos a apreciar los dotes artísticos de las narraciones de Jesús.

En realidad, la forma más común de comunicación que usó Jesús fueron las preguntas; él hizo 307 preguntas en el Nuevo Testamento. Las multitudes contribuyeron también, haciendo 183 preguntas. Pero él respondió directamente sólo 3 de ellas. Martin Copenhaver tuvo razón al nombrar su libro *Jesús es la Pregunta*, un notable contraste con la teología de la calcomanía que dice: Jesús es la Respuesta.

He aquí una muestra rápida:

> *¿Dónde está vuestra fe?* (Lucas 8:25)
>
> *¿Cómo te llamas?* (Lucas 8:30)
>
> *¿Quién me ha tocado?* (Lucas 8:45)
>
> *¿Qué está escrito en la ley?*
>
> *¿Cómo lees?* (Lucas 10:26)
>
> *¿Quién, pues, de estos tres te parece que fue el prójimo del que cayó en manos de los ladrones?* (Lucas 10:36)
>
> *¿El que hizo lo de fuera, no hizo también lo de adentro?* (Lucas 11:40)
>
> *¿Quién me ha puesto sobre vosotros como juez o partidor?* (Lucas 12:14-15)
>
> *¿Y quién de vosotros podrá con afanarse añadir a su estatura un codo?* (Lucas 12:25)
>
> *¿Tampoco ustedes pueden entender esto?* (Marcos 7:18)
>
> *¿Por qué discuten de que no tienen pan? ¿Todavía no entienden ni se dan cuenta? ¿Todavía tienen cerrada la mente? ¿Tienen ojos, pero no ven? ¿Tienen oídos, pero no oyen? ¿Acaso ya no se acuerdan?* (Marcos 8:17-18 RVC)
>
> *¿Por qué teméis?* (Mateo 8:26)
>
> *¿Por qué pensáis mal en vuestros corazones?* (Mateo 9:4)

¿Qué es más fácil, decir: Los pecados te son perdonados, o decir: Levántate y anda? (Mateo 9:5)

¿Creéis que puedo hacer esto? (Mateo 9:28)

¿Qué salisteis a ver al desierto? (Mateo 11:7)

¿A qué compararé esta generación? (Mateo 11:16)

¿Qué hombre habrá de vosotros, que tenga una oveja, y si ésta cayere en un hoyo en día de reposo, no le eche mano, y la levante? (Mateo 12:11)

¿Por qué dudaste? (Mateo 14:31)

¿Es posible encontrarse a Dios cuando hacemos preguntas? En mi opinión, la respuesta es un rotundo sí. Vemos a Dios en todas las preguntas que hacemos, sean o no religiosas. El simple hecho de hacer preguntas indica que somos criaturas en búsqueda de significado. De todas las características únicas entre los mamíferos que caminan o nadan en esta tierra, nosotros los seres humanos somos los que preguntamos: "¿qué significa eso?" Lo preguntamos de muchas y diversas maneras. Preguntamos sobre el significado de la vida, el propósito del trabajo y de las relaciones. Incluso preguntamos el significado de nuestra propia existencia. Las respuestas vienen a menudo no en claras y certeras proclamas, sino en historias, cuentos y mitos de la vida. Esta propensión humana de hacer preguntas comienza a una edad temprana, como si fuese parte de nuestro ADN.

Una de las alegrías de convertirse en abuelo está en participar de una conversación larga y errante provocada por una simple pregunta. He aquí un ejemplo de una conversación que tuve con mi nieto de tres años de edad recientemente:

> Abuelo: "Bien, pongámonos los zapatos para que podamos ir a pie hasta el parque."
>
> Nieto: "¿Y por qué tenemos que llevar zapatos?"

> "Bueno, porque está un poco frío afuera y nuestros pies se enfrían".
>
> "¿Por qué se enfrían los pies?"
>
> "Si no cubrimos la piel, estará expuesta al frío, y no habrá suficiente sangre circulando para mantener los pies calientes."
>
> "¿Por qué tenemos sangre?"
>
> "No lo sé; creo que es la mejor manera de que los nutrientes –incluyendo el oxígeno– circulen por todo nuestro cuerpo y vayan al cerebro".
>
> "¿A dónde va la sangre cuando se acaba?"
>
> "Bueno, se mantiene circulando; se renueva cuando pasa por los pulmones y el corazón".

Larga pausa. Mientras tanto, el abuelo está tratando de ponerle los zapatos al niño.

> "Conozco a alguien en la escuela que no tiene corazón."
> "¿En serio? ¿Cómo lo sabes?"
>
> "Escuché a dos maestras hablando. Una de ellas dijo que conocía a una persona que era tan fría, que no tenía corazón".

Después de un poco de risa, el abuelo cambia de tema.

> "Está bien, vamos a ir al parque antes de que tengamos hambre."
>
> "¿Por qué tenemos hambre?"

Si usted ha pasado algún tiempo con niños muy pequeños, y a veces no tan pequeños, reconocerá esta conversación; hay muchas versiones de la misma. ¿Qué está pasando aquí? Es una exploración de la vida; es la mente explorando, desafiando y descubriendo. El lenguaje está siendo examinado. Conceptos e ideas están siendo considerados. El músculo mágico de la curiosidad está siendo ejercitado.

Intencionalmente incluí aquí una historia que no contiene un tema religioso porque yo quiero que veamos el proceso de hacer preguntas como una tarea profundamente espiritual. No es necesario mencionar a Dios para que sea algo espiritual. Introduzca el tema de Dios, o Jesús, o Buda al diálogo anterior con un niño, y las cosas se tornarán interesantes. Las preguntas con '¿por qué?' abundarán hasta que uno de los dos se agote, y yo pongo dinero a que el niño de tres años durará más que usted.

¿Es el proceso de hacer preguntas una actividad espiritual? Una vez más, sí, porque inquirir, preguntarse y descubrir son cosas que le encantan a la mente humana. Cuando hacemos preguntas, estamos participando de la oración.

El programa educativo Juego Divino *(Godly Play)*, influenciado por Montessori, es un regalo, y no sólo para los niños, sino también para los adultos. Su forma de enseñanza se centra alrededor de contar una historia –por lo general, una historia bíblica– y preguntar: "¿Qué te preguntas acerca de esta historia?" Las variaciones de esa pregunta usan la palabra 'preguntarse' como elemento central de todo el descubrimiento. El logo de la Fundación Juego Divino tiene las palabras "Me pregunto" en el centro. Creo que todo el plan de estudios se puede resumir en la pregunta: "¿Qué te preguntas acerca de esta historia?"

Esa pregunta no es sólo para los niños. A muchos predicadores les serviría hacerse esa pregunta mientras preparan su sermón. Tal vez hasta vale la pena preguntar abiertamente durante el culto.

> "Estamos a punto de recitar el Credo de los Apóstoles, ¿qué se preguntan acerca de estas palabras?"

"Acabamos de escuchar una lectura de los Salmos. ¿Algunos de ustedes se preguntan acerca de lo que acabamos de escuchar?

"Este himno tiene una rica historia en la iglesia, pero me pregunto acerca de algunas de estas estrofas que vamos a cantar. ¿Ustedes también? ¿Qué se preguntan?"

Incluso se puede tener una discusión de grupo significativa en torno a una pregunta directa. Complete esta oración: "Me pregunto ..." Distribuya pequeñas fichas con esa frase impresa en las tarjetas y que la gente complete la frase. Me atrevo a decir que acabará teniendo un plan de estudios para toda la vida.

Hay algunas cuestiones sobre las que me pregunto:

> *¿Dios realmente tiene un plan para todo?*
>
> *¿Dios lo creó todo ... incluso el mal?*
>
> *¿Cómo es Dios?*
>
> *¿Todavía está usted leyendo este capítulo?*

Preguntarse consiste en modelar y apoyar el 'hábito de preguntarse,' en lugar de "¿cuál es su respuesta?"

Hacer preguntas es una parte muy importante de toda la trayectoria de la religión y la espiritualidad. El Midrash judío era un antiguo método de exploración de las escrituras iniciado por los rabinos; era una especie de sesión improvisada de narración teológica con preguntas, discusión y cordial entretenimiento. Gran parte del Budismo Zen tiene el *koan*, una especie de historia que es a menudo una pregunta en y de ella misma. La bien conocida pregunta: "¿Cuál es el sonido de una mano aplaudiendo?" es un ejemplo excelente. Y luego, tenemos a Jesús y sus 307 preguntas.

Mientras transita por la vida, el trabajo y el ocio, usted está haciendo preguntas. Ese simple acto es practicar la espiritualidad cotidiana. Estas preguntas pueden referirse a tareas un tanto triviales, tales como: "¿Qué voy a comer en la cena?" o "¿cuál será el mejor camino para llegar a mi destino?" Pero cada uno de nosotros hace preguntas más profundas, tales como: "¿Cuál es mi propósito en la vida?" o "¿dónde está Dios en todo esto?" Hacerse preguntas es una práctica espiritual. El acto mismo de hacer preguntas involucra el corazón, la mente y el alma. Usted es mucho más espiritual de lo que cree.

Mientras termino este capítulo en una pequeña cafetería, la joven junto a mí está hablándole a su teléfono. "Siri, ¿cuál es la mejor escuela de estudios de postgrados para mí?" Ya que usa auriculares, no puedo escuchar la respuesta de Siri, pero su pregunta tiene gran contenido: anticipación sobre el futuro, búsqueda de orientación, interrogantes sobre el propósito en la vida y un deseo de claridad, tal vez incluso deseo de tener compañía. Estos son los descubrimientos que nos esperan cuando hacemos preguntas.

La fe madura se basa en preguntas, todos los días.

capítulo trece — Cocinar

Durante años tuvimos dos perros, Linus y Lucy, dos labradores negros. Eran adorables, juguetones, curiosos, tolerantes, protectores; tenían todas las características que usted desearía de un canino.

Una actividad que les llamaba la atención a estos dos grandes perros estaba en la cocina, y mi esposa a menudo se refiere a ella como "cocinar con perros." Como se debe imaginar, el ritual diario era preparar comida con dos sabuesos de 65 libras con bocas babeantes, siguiendo todos sus movimientos. Cualquier cosa que cayera del mostrador provocaba que sus lenguas volaran y sus colas se movieran vigorosamente. No nos molestaba su compañía, pero era frustrante estar preparando una comida y a la vez tratar de evitar pisar una pata o defender la cazuela de los muy entusiastas huéspedes de la cocina.

En la sección anterior, hablamos de saborear como un acto de espiritualidad cotidiana. Aquí el énfasis está en la preparación de los alimentos. Los profesores de lógica se deben estar preguntando por qué este capítulo no precedió al de saborear; después de todo, uno tiene que preparar la comida antes de comerla. Punto válido. Sin embargo, uno de los cambios que está teniendo lugar en la sociedad americana es que cada vez un menor número de personas cocinan sus comidas.

En 2017, Harvard Business Review informó que sólo al 10% de nosotros nos gusta cocinar, el 45% lo odia y el resto está en la sección de los indiferentes.[19] Usted puede estar entre una de esas tres categorías. Yo estoy entre 'me gusta' e 'indiferente', dependiendo de varios factores. Normalmente, me gusta cocinar en los meses más cálidos, pero mi entusiasmo disminuye en el invierno. Afortunadamente, en nuestra casa, mi esposa es del grupo de los que les encanta cocinar.

Probablemente no podré convencerlo de que cambie de categoría en este capítulo. Los que odian cocinar parecen estar arraigados. No lo tome como algo personal, ya que conozco a algunos de ustedes, y todavía los quiero. Ustedes saben quiénes son. Sin embargo, albergo la esperanza de demostrar que la cocina es una expresión natural de la espiritualidad cotidiana.

Para aquellos que disfrutan de preparar comidas, ustedes conocen el placer de planificar, preparar y servir la cena – el máximo regalo de bienvenida y hospitalidad. Presenciar personas sentados alrededor de una mesa, disfrutando estar unos con otros, y siendo alimentados con la bondad de la nutrición y el deleite del gusto, les produce un gran placer. El sonido de una conversación intercalada con "mmm-mmm" es la única recompensa que necesitan.

Si usted se está preguntando si su amor por cocinar, hornear y servir comidas tiene alguna relación con las grandes religiones del mundo, permítame recordarle algunos ejemplos.

Las tres religiones monoteístas —el cristianismo, el islam y el judaísmo— tienen todas diversas reglas en cuanto a las prácticas alimenticias. El origen de algunas de ellas pudiera tener sus raíces en rituales o costumbres higiénicas antiguas. Pero las tres religiones enfatizan firmemente que la comida es un don y la hospitalidad es un acto de gracia. Las religiones africanas tradicionales le dan un alto valor a la virtud de recibir a un extranjero. En el budismo, el hinduismo y las espiritualidades del subcontinente indio, la hospitalidad, dar limosnas y la comida, son expresiones de devoción.

La hospitalidad y la preparación de alimentos en la fe cristiana se centra en el partimiento del pan juntos y en dar gracias a Dios por el pan de cada día. Eso lo vemos en el Padrenuestro, una oración que Jesús enseñó a sus seguidores. (Mateo 6:9-15)

> *Padre nuestro que estás en los cielos,*
> *santificado sea tu nombre.*
> *Venga tu reino.*
> *Hágase tu voluntad*
> *Como en el cielo, así también en la tierra.*
> *El pan nuestro de cada día, dánoslo hoy.*
> *Y perdónanos nuestras deudas,*
> *como también nosotros perdonamos a nuestros deudores.*
> *Y no nos metas en tentación,*
> *mas líbranos del mal;*
> *Porque tuyo es el reino,*
> *y el poder, y la gloria,*
> *por todos los siglos.*
> *Amén.*

En esta fundamental oración, reconocemos que el pan –y toda la comida– son un regalo de Dios. Cuando Martín Lutero compuso su Catecismo Menor (un pequeño folleto diseñado para enseñar los fundamentos de la fe), explicó lo que quiere decir el pan de cada día: "Todo aquello que necesitamos para nuestro bienestar corporal, como: comida, bebida, vestido, calzado, hogar, tierras, ganado, dinero, bienes, cónyuge piadoso, hijos piadosos, criados piadosos, autoridades piadosas y fieles, buen gobierno, buen tiempo, paz, salud, buen orden, honor, buenos amigos, vecinos fieles y cosas semejantes a éstas."[20] Lutero lo ha abarcado todo. Cuando las escrituras se refieren al pan, es un código para, bueno, todo.

La Biblia hebrea y el Nuevo Testamento contienen un sinnúmero de historias sobre cocinar y sobre la hospitalidad. Muchísimas investigaciones arqueológicas revelan que el principal utensilio de cocina en el mundo antiguo, que se remonta hasta el octavo o noveno siglo (a.e.c.), fue una versión de una olla eléctrica de cocinado lento. Es cierto, esa versión no enchufaba en la pared ni tenía un disparador automático, pero esencialmente el concepto básico de esa llamada invención moderna tiene sus raíces en las tradiciones culinarias de los pueblos antiguos del Oriente Medio. Los guisos son tan antiguos como la civilización humana.

Una expresión antigua sobre cocinar viene del libro del Antiguo Testamento de Primera de Samuel. Elegí esta referencia, ya que es menos conocida y nos brinda unas dinámicas fascinantes sobre la preparación de la comida y la hospitalidad. La historia se encuentra en 1 Samuel, capítulo 25. Mientras David huye del rey Saúl, está buscando tierra para acampar, y comida (es decir, ovejas) para alimentar a sus hombres mientras se recuperan de la batalla y se preparan para las siguientes. Al principio, las conversaciones con el propietario del terreno, Nabal, van bien, pero de pronto Nabal cambia de opinión y decide ser un mal anfitrión. Parece que, al principio, David ofreció dinero por todo esto, una oferta que Nabal no pudo rechazar. Por alguna razón desconocida, Nabal opta por no cumplir con su acuerdo. Un indignado David junta unos 400 hombres y está a punto de emprender una matanza al estilo antiguo cuando interviene una cocinera.

Nuestra heroína, maestra de cocina y mujer de sentido común, Abigail, resulta ser además la esposa de Nabal. Cuando ella escucha la noticia de la estupidez de su marido y la ira de David, se dispone a garantizar que se prepare una comida.

"Entonces Abigail tomó luego doscientos panes, dos cueros de vino, cinco ovejas guisadas, cinco medidas de grano tostado, cien racimos de uvas pasas, y doscientos panes de higos secos." (1 Samuel 25:18) Esta es la manera en que la Biblia describe una

fiesta que haría que la cena de Acción de Gracias de su bisabuela parezca una cosa minúscula. En pocas palabras, Abigail se dispone a alimentar a estos hombres de guerra, sobre todo a David y a su banda de soldados. Ella sabe que la ruta hacia la reconciliación comienza con una comida de hospitalidad. La historia termina con Nabal muriendo misteriosamente después de escuchar lo que había hecho Abigail. Más tarde David y Abigail se casan.

Esta historia poco conocida –no está exactamente entre las diez historias favoritas de la escuela dominical– más bien se conoce por el muy típico conflicto de voluntades. Pero lo que más se destaca para nuestros propósitos es la frase que describe la comida. Aunque parece un menú o una lista de compras, cualquiera que haya preparado una gran cena conoce el trabajo detrás del telón para que un proyecto de tal magnitud tenga éxito. Veamos de nuevo las cantidades necesarias para este banquete:

200 panes
Dos cueros de vino
Cinco ovejas guisadas
Cinco medidas de grano tostado
100 racimos de uvas pasas
200 panes de higos secos

¿Quién quiere extrapolar la lista de compras para que eso sea posible? Eso es un montón de viajes a un supermercado, y días, sino semanas, de cocinar y preparar esta comida. Como suele ser el caso en las historias bíblicas, solo tenemos la versión condensada, y la historia de fondo se queda fuera. Además, cuando leemos números como estos, no podemos leerlos como si fueran reportes de periódicos; lo más probable es que son una exageración. Mi punto es que Abigail está preparando una tremenda comida. Ella va más allá del límite para salvar a su marido de su tonta decisión. Ella también está protegiendo a su gente, a su pueblo y a su cada vez más importante tierra.

Es poco probable que usted o yo jamás preparemos una comida donde haya tanto en juego. Estamos más interesados en alimentar a nuestros hijos antes de una competencia de lacrosse o un recital de música en la noche. Por lo tanto, hallar una conexión entre los esfuerzos de Abigail y los nuestros propios podría ser bastante difícil. Está bien, *es* difícil. Pero esta historia ilustra cuan dramáticamente lejos estaban dispuestos a llegar los pueblos antiguos con el fin de mantener una buena relación, y cuan esencial es cocinar y mostrar hospitalidad.

¿Cuáles otros relatos muestran la típica comida como punto central de eventos significativos? Son innumerables. Solamente en el ministerio de Jesús podemos pensar en las bodas de Caná de Galilea, Marta y María y el debate sobre quién estaba lavando los platos, y la disposición de Jesús de comer con los publicanos y pecadores. En la Biblia hebrea, el libro de Génesis relata muchas reuniones para comer y muchos actos de hospitalidad, como cuando Abraham y Sara reciben a los huéspedes que predicen su embarazo, y José recibiendo a Benjamín en su casa. Y, por supuesto, las escrituras destacan la importancia de la cena de la Pascua en la fe judía y la Última Cena en la cristiana.

Cocinar es un acto de espiritualidad cotidiana, o dependiendo de su horario, semanal. Expresamos una conexión con la tierra, el huerto, las plantas y los animales de toda la existencia cuando estamos preparando una comida. Dar gracias es apropiado. Incluso el más desconfiado de los agnósticos o de los ateos participa de una comida y, de alguna manera, ellos también tienen que reconocer que no estarían en el lugar si no fuera por la comida. Cuando cocinamos, u horneamos o revolvemos la olla, nos estamos conectando a través del tiempo con los pueblos antiguos y con la abundancia de Dios.

capítulo catorce Caminar

En 2015, Tom Turcich partió en una larga caminata desde su casa en Nueva Jersey. En el camino, recogió una perra callejera, a la que llamó Savannah, y en el momento de escribir este libro, está en algún lugar de África, después de haber recorrido la longitud de los continentes de América del Norte y del Sur, caminado el continente europeo y abordado un barco para cruzar el mar Mediterráneo.

Como una versión moderna de Forrest Gump, el hombre partió en un viaje y simplemente siguió avanzando (sólo que en lugar de "¡corre, Forrest, corre!" sería "¡camina, Forrest, camina!"). Lo puede seguir en Instagram en @theworldwalk. A usted y a mí nos haría bien seguir sus pasos.

No, no estoy sugiriendo que dejemos nuestras familias, nuestros trabajos y todos nuestros compromisos, y partamos en un viaje alrededor del mundo. Pocas personas tienen el tiempo, los recursos o la disposición para tal aventura. Pero simplemente salir a caminar es una buena disciplina.

Caminar es una de las actividades más humanas, la cual comienza a una edad temprana. ¿Qué padre no recuerda los primeros pasos de su hijo? Cuando mi hijo tenía 13 meses, yo miraba con alegría como él se tambaleaba por el piso de parqué de nuestra casa de

Brooklyn, sus dedos de los pies agarrando la superficie debajo de él, los brazos extendidos y los ojos muy abiertos y receptivos a mi estímulo entusiasta. A medida que pasaron los años, caminar se convirtió en correr, fútbol y sus viajes por Europa, América Central y el sudeste asiático. Hoy en día, camina de su casa a un tren en las cercanías que lo lleva a su oficina en el centro de Washington, DC.

Usted y yo caminamos todos los días. Puede ser que incluso camine intencionalmente para hacer ejercicios, o como parte de su trabajo. Para la mayoría de nosotros, caminar es un proceso tan automático en nuestras vidas, que probable no pensamos en ello. A menos que, por supuesto, haya factores que interfieran, tales como zapatos incómodos, una mala cadera o un juanete. Caminamos por el pasillo, en la acera, y por el patio. Caminamos por los pasillos de la tienda de comestibles en busca de la salsa correcta. Caminamos, y a veces corremos, para agarrar nuestro vuelo.

El ser humano promedio camina a un ritmo de 4.8 kilómetros por hora. A ese ritmo, puedo llegar a mi oficina de correos local y regresar en una hora, y a nuestro banco y regresar en una hora y treinta minutos. La biblioteca local, haciendo una parada en la panadería cercana, estaría aproximadamente a dos horas. ¿Por qué querría hacer eso cuando puedo ir a la panadería, el banco, la oficina de correos y la biblioteca en solo 20 minutos, especialmente si lo que compre en la panadería lo llevo para comer mientras conduzco? Mi Camry de gasolina es mucho más eficiente. ¿4.8 kilómetros por hora? ¡Por Dios! Yo no tengo esa clase de tiempo; mi vida es de 100 kilómetros por hora.

¡Deténgase!

4.8 kilómetros por hora es mucho más importante de lo que pensamos.

Caminar es una práctica espiritual. Una de las historias más antiguas, una historia épica sobre la vida de un héroe, se trata de un grupo de personas caminando. Después de 400 años de esclavitud en Egipto, Moisés guio a los esclavos hebreos en una caminata de 40 años a través del mar y del desierto hacia la tierra prometida.

Jesús caminó por toda la antigua Palestina. Caminando junto al Mar de Galilea, se encontró con un par de hermanos gemelos pescando y los llamó a una nueva vida como sus discípulos. Él inspira a otros a caminar, como cuando Pedro, en su entusiasmo por ver a Jesús, sale de su bote de pesca y camina sobre el agua —al menos hasta que se da cuenta dónde está y temporalmente se hunde en el lago.

La caminata más conocida de Jesús ocurrió en los días después de su resurrección, en el que dos discípulos estaban caminando y Jesús se les aproxima para participar de la conversación. Creo que la frase "Jesús mismo se acercó, y caminaba con ellos," resuena a través del tiempo. Cuando usted está caminando, usted está caminando con Jesús. Tal vez Dios es un Dios de 4.8 kilómetros por hora.

"Todas las buenas ideas son concebidas al caminar." El filósofo Friedrich Nietzsche escribió estas palabras al final de su combate durante una década con ... llamémosle melancolía. Después de renunciar a su cargo de profesor universitario, Nietzsche se retiró al campo y empezó a dar largas caminatas por el precioso paisaje natural de la Alta Engadina, en los Alpes suizos. Este auto recetado medicamento de largas caminatas trajo sanidad tanto a su mente como a su cuerpo y, me atrevo a sugerir, su alma.

Los largos paseos por el campo se han convertido en una cosa del pasado para muchos en los EE.UU. A medida que el automóvil se ha convertido en nuestro modo de transporte dominante, hemos abandonado el estilo de vida bípeda. Las carreteras donde vivo no son propicias para caminar, porque no tienen cuneta o acera. Cuando visito los barrios residenciales, quizás veo algunas aceras, pero rara vez a un peatón.

Parece que el entorno urbano pudiera ser uno de los pocos lugares seguros para caminar que quedan. Cuando vivía en la ciudad de Nueva York, caminaba más de lo que hago ahora en el campo. No sólo porque las calles de Brooklyn tienen aceras donde los supermercados están cerca, sino que también hacía regularmente la apresurada caminata de 1.6 kilómetros hasta la estación del metro.

De todas las oportunidades que tenemos para recuperar nuestra condición física, caminar diariamente puede ser la más simple y fácil de lograr. Muchos estudios de investigación clínica informan los numerosos beneficios de sólo 30 minutos al día de actividad física: mejora el estado de ánimo, reduce la probabilidad de condiciones crónicas como la diabetes y las enfermedades cardiovasculares, mejora el sistema digestivo y, posiblemente, nos hace perder unas cuantas libras.

En el libro *Más Joven Cada Año*, el Dr. Henry Lodge comparte muchas historias de pacientes que simplemente caminaban 30 minutos al día y veían cambios significativos en su vida y en su salud.[21] En un caso particular, un paciente vino a verlo tras su jubilación. Justo antes de mudarse de la ciudad de Nueva York a su casa de vacaciones en Florida, el hombre visitó al Dr. Lodge para un examen físico. El Dr. Lodge le informa al hombre que su retiro podría ser breve, debido a su mala condición y a su excesivo peso. Le prescribe un paseo diario en la playa. Un año más tarde el hombre regresa para una cita y le dice que a causa de caminar todos los días, ha perdido peso y su energía se ha renovado. Caminar diariamente puede, de hecho, salvarnos la vida.

En su libro más vendido, *Chispa: La Nueva y Revolucionaria Ciencia del Ejercicio y el Cerebro*, John J. Ratey, doctor en medicina y profesor de la Escuela de Psiquiatría Clínica de Harvard, escribe sobre el dramático impacto positivo del ejercicio en el cerebro humano. Citando una amplia gama de investigaciones en diferentes disciplinas, Ratey demuestra los efectos positivos del ejercicio en todas las áreas, desde el aprendizaje en los adolescentes hasta el tratamiento de la ansiedad y la adicción, y cómo mejora significativamente los cuerpos y cerebros en proceso de envejecimiento.

Su más dramática ilustración se refiere a una investigación realizada en la escuela secundaria Naperville Central en las afueras de Chicago, donde se programaron las clases de educación física para la primera hora de la mañana. Una rutina básica de movimientos matutinos preparaba los cerebros y cuerpos de los estudiantes para el aprendizaje. Las mejoras en los resultados de las pruebas, calificaciones y educación en general fueron tan importantes, que otros distritos escolares, incluso los de las regiones más desfavorecidas económicamente, adoptaron el mismo enfoque y notaron mejoras similares.

Entre las formas de ejercicios recomendadas por Ratey está –usted lo adivinó– caminar. También aboga por una mezcla de caminar, trotar y correr. Toda esta actividad física activa conexiones en nuestro cerebro que conducen a una mejoría cognitiva y una serie de otros beneficios.

En el transcurso de mi vida, un largo paseo ha proporcionado tanta, y posiblemente más, sanidad y claridad que cualquier sesión con un terapeuta. Para mí, el beneficio está en la combinación de aire fresco, un corazón palpitante y una mente despejada. Yo solía pensar que era sólo mi imaginación la que me hizo llegar a la conclusión de que caminar era un don, pero luego supe que hay ciencia real para apoyarme.

Caminar lo incluye todo. Cuando usted camina usted está involucrado en una de las actividades más profundamente espirituales y físicamente beneficiosas. Usted es una máquina de oración andante. Entonces, ¿dónde camina? Podría caminar en el centro comercial en el invierno. Podría caminar en un parque, en una reserva natural o alrededor de la manzana. Es posible caminar solo, con su perro o con un grupo de amigos. Si usted está caminando, está involucrando el corazón, la mente, el cuerpo y el alma. Es la práctica espiritual completa, y es tan antigua como la vida humana en este planeta.

Caminamos todos los días, y cuando lo hacemos, estamos practicando la espiritualidad cotidiana.

capítulo quince
Cantar

Me da un poco de vergüenza admitir que el primer álbum que compré en mi vida fue "Julie, Do Ya Love me", por Bobby Sherman, una de las muchas canciones de pop meloso de los principios de la década de 1970. Sí, incluso hoy en día, al escribir el título, me viene esa melodía a la mente.

Afortunadamente, tuve un rápido giro en dirección contraria a esa primera incursión en la música americana. Un año más tarde, me apasioné con la música que fue clave para mi infancia en el sur de California.

Al enterarse de mi interés por la música, mi madre fue a una tienda de discos del área para averiguar qué debía comprarle a su hijo de 14 años por su cumpleaños. Ella salió de allí con tres casetes de audio, los envolvió en papel de colores y los colocó en la mesa de la cocina, donde los encontré en mi cumpleaños aquella primavera.

Nunca había oído hablar de Crosby, Stills y Nash, de Led Zeppelin o de Carole King. Mirando hacia atrás, aquella era una extraña colección, pero me inspiró un apetito voraz por todas las cosas musicales. Durante la década de 1970, yo frecuentaba tiendas de discos, clubes de música y salas de conciertos en Los Ángeles. Más tarde, en la universidad, convertí la rudimentaria estación de radio KRCL-FM en una pieza importante entre las estaciones de radio de las universidades del sur de California. A medida que la emergente música punk y una nueva oleada de música surgían, estábamos allí para marcar el comienzo de un renacimiento de bandas como The Police, Heart y The Clash. Una banda irlandesa poco conocida, llamada U2, llegó primero al aire en esa estación. Cada adolescente necesita pertenecer a una tribu o una subcultura. Mi mundo era la música.

Nunca he tocado un instrumento, y me dijeron desde temprana edad que no podía cantar. Aquella condena impuesta por los adultos permaneció en mí, y más tarde se reforzó cuando me senté en la batería de un amigo, sólo para que me dijeran: "Jim, no tienes ritmo." Pero eso no importaba. La música me permitió entrar a otro mundo. La combinación de sonidos y letras eran los salmos contemporáneos que le daban sentido a mi angustia adolescente. Bruce Springsteen me presentó a la poesía, Bob Marley despertó el anhelo por justicia, y Joni Mitchell trajo el subconsciente a la vida.

La música es sagrada, ya sea que la escuchemos, la cantemos o la creemos. A menudo, pienso que si tuviera un deseo para la tradición a la que pertenezco, sería que Martín Lutero hubiese añadido la música como un tercer sacramento. Creo que no tendría oposición alguna a esa sugerencia hoy en día, ya que los luteranos están entre las denominaciones que mejor cantan dentro del movimiento protestante.

La música se inspira con mucha frecuencia en las escrituras. Los Salmos eran muy probablemente letras con música, al igual que la poesía de libros como Eclesiastés y el Cantar de los Cantares. La banda de 1960, The Byrds, tomó la canción de Pete Seeger basada en el conocido pasaje de Eclesiastés 3, y la convirtió en el gran éxito "¡Turn! ¡Turn! ¡Turn!"

Todo tiene su tiempo, y todo lo que se quiere debajo del cielo tiene su hora:

> tiempo de nacer, y tiempo de morir;
>
> tiempo de plantar, y tiempo de arrancar lo plantado; tiempo de matar, y tiempo de curar;
>
> tiempo de destruir, y tiempo de edificar; tiempo de llorar, y tiempo de reír;
>
> tiempo de lamentarse, y tiempo de bailar;
>
> tiempo de esparcir piedras, y tiempo de juntar piedras;
>
> tiempo de abrazar, y tiempo de abstenerse de abrazar; tiempo de buscar, y tiempo de perder;
>
> tiempo de guardar, y tiempo de desechar; tiempo de romper, y tiempo de coser;
>
> tiempo de callar, y tiempo de hablar;
>
> tiempo de amar, y tiempo de aborrecer;
>
> tiempo de guerra, y tiempo de paz.

El Nuevo Testamento contiene referencias sobre Jesús y sus discípulos cantando, y el Magníficat de María en Lucas es una canción para la historia. En el siglo 18, Johann Sebastian Bach tomó el Magníficat y lo convirtió en una de sus más aclamadas piezas de música vocal. La música es central en la mayoría de las tradiciones religiosas en todo el mundo, pero sobre todo en el cristianismo.

La larga conexión de la religión occidental con la cultura occidental es evidente en las obras de los músicos de todas las épocas. El rico legado y contribución de la comunidad afroamericana al jazz, blues y la música góspel, constituye la base de gran parte del rock, el hip hop y la música country de hoy. Con esta gran variedad de música, uno tiene que preguntarse si incluso podemos hacer una distinción entre la música sacra y la música secular. El cantautor Linford Detweiler, de la banda Over the Rhine, con sede en Ohio, comentó recientemente sobre lo sagrado de la canción:

> *Esto me recuerda algo que Wendell Berry escribió: "No hay lugares no sagrados; sólo hay lugares sagrados y lugares profanados". En esencia, escribir canciones es un acto sagrado. La música tiene un enorme potencial para curar y aliviar. Ninguna comunidad humana puede ser saludable sin cultura, sin un medio para contar nuestras historias juntos, para crear imágenes y escuchar la música los unos de los otros. Durante un tiempo particularmente difícil y oscuro de mi vida, le pregunté a mi madre que hace ella cuando el valle de sombra se hace demasiado profundo, cuando se siente que quiere tirar la toalla, tirarse al suelo, darse por vencida. Ella no dudó un segundo. Su respuesta fue sencilla: yo canto.*

Las historias relacionadas con la música se encuentran entre los ejemplos más comunes de espiritualidad cotidiana que he recibido. La gente me ha escrito de encuentros que tuvieron todos los elementos de la presencia divina, que van desde momentos en los campamentos de verano donde "sentí a Dios en nuestras fogatas, mientras estábamos sentados juntos, cantando suavemente para terminar la noche, como si nuestros espíritus estuvieran en contacto entre sí", hasta escenarios más formales como en la iglesia: "Cantar como solista en la iglesia me daba miedo escénico, y la primera vez que lo hice estaba más que asustado. Dios puso en mí pensamientos: Estás cantando para mí, cálmate que todo va a estar bien. Todo estuvo bien. Años después, cuando murió mi abuela, yo sabía que tenía que cantar en su funeral. A pesar de que mi incapacidad de leer partituras impidió mi carrera de cantante y que asistiera al conservatorio Julliard, cuando practicaba la canción, se la cantaba a abuela, en su casa, pude entonar sin un piano. Dios estaba allí."

Otra persona escribió sobre el consuelo que recibió de la canción de Rod Stewart "Por Siempre Joven".

Mientras limpiaba su casa un fin de semana, Arlene recibió una llamada telefónica informándole de la inminente muerte de su padre. Sin cambiarse de ropa, se apresuró al hospital para estar con su padre de 84 años de edad. Sentada con él en sus últimos momentos, se dio cuenta de que llevaba una vieja camiseta de un concierto de Rod Stewart, y la letra de la canción resonaba en su cabeza. "Que el Buen Señor te acompañe en cualquier camino en que te encuentres, que la luz y la felicidad te rodeen cuando estés lejos de casa."

Uno de mis amigos más cercanos, que se niega incluso a entrar en un servicio de adoración en la iglesia, me confesó una vez: "Si existe algo en este universo que todo lo sabe y es todo amor ... a lo que podríamos llamar Dios, entonces él, ella, es probable que esté presente en la música. Porque parece que la música, su calidad tonal y sus ritmos, son el único lenguaje verdaderamente universal. La música conecta a las personas de una manera que nada más puede hacer –y cuando digo nada más, quiero decir *nada más*. Si hay un Dios, creo que es más probable que sea un cantante de góspel negro que un anciano de ropas blancas".

En la introducción a este libro, expliqué que una de mis motivaciones para escribirlo fue un intento de desafiar el predominante mito de que la espiritualidad está ausente en nuestra cultura, y en particular, en nuestras congregaciones. Me pregunto si todos los instrumentos que tratan de medir la espiritualidad apasionada o la vitalidad, son deficientes porque no miden la música como una expresión de la espiritualidad cotidiana.

¿Será posible que en las canciones, en el ritmo, en la poesía de las letras y en las melodías en las que muchas personas se deleitan, experimentemos un encuentro sagrado? Eso puede ser real para el adolescente escuchando los chillidos de la guitarra en sus auriculares, el miembro de la iglesia cantando con entusiasmo mientras el organista toca, o el trombonista interpretando un solo con su banda de jazz.

En uno de mis viajes a Honduras, la hora de almuerzo de nuestro grupo fue interrumpida por una procesión funeraria a través de la vieja ciudad colonial de Yuscarán. Durante varias horas, todo el pueblo estuvo absorto en el ritual del entierro mientras un ataúd era llevado desde la iglesia católica local a través de las calles hasta el cementerio en las afueras de la ciudad. Todo se detuvo.

Uno podía imaginarse que así era cómo se habían llevado a cabo los funerales allí durante cientos de años. Nuestro grupo de norteamericanos siguió la procesión, pero se mantuvo a distancia mientras los trabajadores bajaban el ataúd a la tierra. Entonces, silenciosamente, un solitario sonido inundó el cementerio –el sonido de un clarinete interpretando un viejo himno. La música era evocadora y reconfortante –un recordatorio de que el sonido de lo divino estaba presente.

La música nos ayuda a lidiar con los momentos inexplicables de la vida. Le da voz a cosas que no podemos expresar, emociones demasiado difíciles de comprender. La música es divina. En muchos sentidos, toda la música es música del alma. Ya sea en la ducha, en el coche, o en un escenario, cantemos en voz alta.

capítulo dieciséis — Viajar

Estábamos en Belén comiendo Maqluba, un plato árabe de arroz, pollo y verduras. Lo que lo hace especialmente exclusivo a esta parte del mundo son las especias –una combinación de pimentón, cilantro, canela, cúrcuma y zumaque. Es la lasaña de Palestina, y todo el mundo debate cuál es la mejor manera de preparar el plato. ¿Se debe cocinar el pollo por separado en el horno?, ¿o en la olla con todas las verduras y el arroz? Maqluba significa "al revés" en árabe. Después de haber cocinado el plato, se vira al revés en un plato grande.

Al revés era más que el nombre de una comida, ya que pronto se convirtió en una metáfora de nuestro viaje. Después de dos semanas recorriendo las piedras antiguas y las piedras vivas de Jerusalén, Israel y Palestina, Roberto y Rita estaban experimentando un mundo al revés.

Mientras estábamos sentados en la residencia de nuestros anfitriones en el Monte de los Olivos, Roberto me confió algo. Acabábamos de escuchar una charla dada por un padre israelí que había perdido a su hijo en un conflicto con unos hombres palestinos, y también habíamos escuchado una presentación a cargo de una mujer musulmana palestina que describió la muerte de su marido en un altercado de tráfico con soldados israelíes.

Roberto me habló en voz baja: "Sabes, cuando nos inscribimos para este viaje y oímos que nos reuniríamos con palestinos, pensé que eso quería decir que nos estaríamos reuniendo con terroristas." Su esposa asintió con la cabeza. "No tenía ni idea de que los palestinos podían ser cristianos. O de que podían ser médicos, ingenieros, pastores y maestros. Mi perspectiva sobre esta parte del mundo es ...", balbuceó, luchando por encontrar la palabra. Finalmente le dije: "virado al revés."

"¡Sí!" Los tres nos reímos mientras nos conectábamos con la comida.

Roberto y Rita se inscribieron en un viaje turístico que ellos pensaban que les ayudaría a entender la Biblia. Si pudieran ver, oír, respirar y caminar en la tierra que a veces llamamos Santa, tal vez profundizarían su fe. Y, de hecho, eso sí ocurrió. Dos semanas en Jerusalén, Belén y los pueblos a lo largo del mar de Galilea, los habían ayudado a conectar con David, Salomón, Isaías y Jesús. Pero lo que no esperaban era el encuentro con las piedras vivas del pueblo contemporáneo.

Visitar las escuelas y hospitales en Cisjordania, comer en las casas de los cristianos palestinos, asistir a los servicios de congregaciones luteranas y recorrer las escuelas donde cristianos y musulmanes aprenden juntos –todas esas experiencias ampliaron la visión que Roberto y Rita tenían del mundo. El pueblo palestino ya no era más un personaje de un reportaje en las noticias de televisión. Eran personas esforzándose, en circunstancias muy difíciles, por vivir vidas fieles, criar hijos y hacer contribuciones significativas a la sociedad.

Viajar transforma, desafía y altera totalmente su visión del mundo. Le obliga a mirar la vida desde nuevas perspectivas. Ya sea que viaje a la Tierra Santa o al Grand Ole Opry, sus viajes le impactarán de manera sorprendente. Cualquier viaje es una peregrinación.

Las religiones a través de la historia han tenido la práctica espiritual de la peregrinación. Los cristianos viajan a Jerusalén, los musulmanes hacen una peregrinación a la Meca, los hindúes van al río Ganges y los pueblos nativos han participado en diversas formas de viajar, a veces simplemente a la montaña.

La peregrinación es un compromiso espiritual con lo desconocido, con lo nuevo. En algunos casos, el peregrino va a un Lugar Santo históricamente designado, escogido porque el fundador de la religión o un preminente seguidor había vivido, muerto, o nacido allí. Entretejido entre los muchos libros que componen la Biblia cristiana, está el tema de la peregrinación. Es un concepto multifacético que incluye ideas sobre viajar, experimentar el exilio, vivir como extranjero o peregrino, y la búsqueda de una patria.

El apóstol Pablo es uno de los viajeros más conocidos de la Biblia. Si sus escritos incluso se aproximan a ser exactos, es posible que haya viajado más de 16.000 kilómetros durante toda su vida. Esos kilómetros probablemente lo calificarían para el estatus de oro en el club de viajeros frecuentes del Mediterráneo. Sus viajes no reflejan los beneficios de viajar en primera clase de los viajes modernos. En su segunda carta a la gente de Corinto, Pablo describe algunos de los peligros de viajar:

> *"Tres veces he padecido naufragio; una noche y un día he estado como náufrago en alta mar; en caminos muchas veces; en peligros de ríos, peligros de ladrones, peligros de los de mi nación, peligros de los gentiles, peligros en la ciudad, peligros en el desierto, peligros en el mar, peligros entre falsos hermanos; en trabajo y fatiga, en muchos desvelos, en hambre y sed, en muchos ayunos, en frío y en desnudez".* (2 Cor. 11:25-27)

Durante su vida, Pablo hizo al menos cuatro viajes importantes, y en el camino, descubrió nuevas culturas y experimentó el gozo y las tribulaciones de viajar. También detectó la presencia de Dios a medida que viajaba.

Pero la peregrinación también puede ser una aventura a un lugar aparentemente ordinario, donde descubrimientos extraordinarios tienen lugar.

En 1981, después de graduarme de la universidad, me puse a hacer un tipo diferente de peregrinación. En aquel momento, no era un viaje religioso o espiritual en particular. En su lugar, era una tarea sencilla.

Mi amigo Mark se había mudado a Minnesota por un trabajo, y necesitaba que alguien le llevara su carro, así que me ofrecí a conducir su Datsun marrón de 1974 desde Los Ángeles hasta Minneapolis. Le dije que sí, pero con una condición: que me tomaría mi tiempo y haría el viaje por el camino largo. Aceptó. Él voló a Minnesota, y después de unos días recolectando suficiente equipamiento para acampar, me dirigí hacia el norte a lo largo de la costa de California.

Después de semanas de viajes serpenteantes, me encontraba buscando un campamento en la interestatal, a las afueras de Livingston, Montana. Era tarde, y estaba cansado, así que tomé la salida y conduje por una carretera rural hasta encontrar un lugar para estacionar. En la oscuridad, pude armar mi pequeña tienda de campaña y me deslicé dentro de mi saco de dormir.

Me desperté con el sonido de algo masticando, sí, masticando, combinado con el ligero repiqueteo de gotas de lluvia en mi tienda. Salí y me encontré rodeado de un rebaño de ganado pastando. Se asustaron tanto conmigo como yo con ellas. De repente, la ligera lluvia se convirtió en granizo. El ganado se dispersó en busca de refugio, y en sólo unos frenéticos segundos, fui capaz de meter mi tienda de campaña y mi saco de dormir empapados, en la parte posterior del Datsun. Mientras conducía por la carretera, descubrí un problema que me irritó por el resto del viaje. No había calefacción. A pesar de mis intentos por arreglar los controles, me pasé los próximos días conduciendo un pedazo de lata bajo lluvia y frío, cubierto de mantas y abrigos, con una gorra de esquí y unos guantes.

¿Estaría yo descubriendo la transición de la seguridad de la universidad a ... y ahora qué? Me tomó años para darme cuenta de lo que había aprendido en ese viaje –específicamente, que me iba a ir bien en el mundo frío.

A la mayoría de las personas en los EE.UU. les gusta viajar de manera controlada –hacer las reservaciones con antelación, mirar previamente los vídeos de Rick Steves, y asegurarse de hacer giras con guías. ¿Es eso seguro? Definitivamente. ¿Es espontáneo? Apenas. Sin embargo, los eventos más memorables de nuestra vida, como en nuestra vida de viajes, son los desvíos inesperados que tuvimos que tomar, y los desafíos que vencimos, y sí, incluso aquellas veces que nos perdimos.

Tome un momento y piense de nuevo en sus viajes a través de los años, tanto alrededor del mundo como en el condado. ¿Qué recuerda? Más importante, ¿cuáles historias cuenta sobre sus viajes?

Viajar nos saca de la comodidad de nuestra vida, y eso, mi amigo, es una peregrinación espiritual. Incluso sus vacaciones de verano a la playa son una peregrinación religiosa. A medida que va descubriendo nuevos lugares, nuevas comidas, nuevas culturas ... usted se está involucrado en una antigua práctica de peregrinación espiritual.

Mi sobrina vino recientemente de Colorado para una corta visita. Entre los muchos lugares a los que la llevamos, estuvo un viaje a Auntie Anne's, para que probara los Johnny Cakes, una de las delicias de Rhode Island, que son almejas cocinadas en una masa parecida a la de las galletas. También hice que probara mi batido de col rizada verde. Cuando regresó a casa a sus amigos de la escuela secundaria, ¿era la comida en Subway lo que recordaba? No. Fueron los alimentos "raros" que comió en Rhode Island.

Viajar nos lleva a nuevos lugares, nuevas culturas, nuevas personas, nuevos alimentos, nueva música. El simple hecho de viajar es un acto espiritual. El viaje sagrado a lo desconocido nos mantiene alertas y expuestos a descubrimientos sobre nuestro mundo y sobre nosotros mismos. Sin duda, esa es otra forma de practicar la espiritualidad cotidiana, no importa la frecuencia con que viajemos.

capítulo diecisiete Limpiar

Mi hermano y yo habíamos estado fuera hasta tarde –muy tarde. Con el transcurso de los años, habíamos encontrado cuidadosamente una manera de hacer que nuestros padres creyeran que estábamos en casa, acostados en nuestras camas, cuando en realidad, estábamos de fiesta con los amigos. La estrategia consistía en estacionar mi carro, un clásico Mustang blanco de 1966 –que hasta el día de hoy me arrepiento de no haberme quedado con él– en la entrada de la casa, antes de salir a escondidas. Después, nos íbamos a las colinas que estaban detrás de la casa de nuestros padres en el sur de California.

Era la década de 1970 en Los Ángeles y la era post-hippie flotaba sobre el paisaje como una nube de humo y esmog de marihuana exhalada. Tenía dieciséis años de edad en aquel tiempo y todos mis amigos de la escuela estaban experimentando con diferentes cosas.

En esa noche en particular, después de una noche de música e inhalación, volvimos a casa en una especie de estupor, descendiendo por los senderos que durante años habíamos cortado con rastrillos y palas. Pero esta vez nuestro regreso a casa fue diferente. Al llegar a la puerta, nos encontramos con nuestra madre, quien nos confrontó con una serie de preguntas que concluyeron en: "¿Han estado fumando marihuana?" Al instante, me di cuenta de que nuestro juego había terminado, y negar la verdad era inútil, por lo que sólo había una respuesta que dar. Pero, al mismo tiempo que dije sí, mi hermano dijo no.

Mi madre lo miraba a él, después a mí, y viceversa, durante lo que probablemente fueron sólo cinco o diez segundos, pero que parecieron como una hora. Por último, los dos dijimos que sí. Habíamos confesado. Entonces, vi como la expresión facial de mi madre cambió, y dijo: "Vayan a la cama. Ya hablaremos de esto en la mañana".

No recuerdo la conversación del día siguiente, pero miro hacia atrás a esa noche en la escuela secundaria como el momento en que comencé a alejarme de las drogas. Tomó algún tiempo, pero al final, dejé la drogadicción, o ella me dejó a mí —o algo entre las dos cosas ... o tal vez, fue una combinación. Finalmente, dejé de hacerlo. Años después, al reflexionar sobre ese momento de mi vida, me di cuenta de que fue el momento de confesar el que cambió la trayectoria. La combinación de verme obligado a enfrentar la verdad, y decir la verdad, hizo que yo comprendiera que estaba en un camino diferente.

Decir la verdad es un acto de vitalidad y madurez espiritual. Hay una limpieza psicológica que se produce cuando asumimos la responsabilidad de nuestras acciones y de nuestros pensamientos. Cuando admitimos lo que somos y lo que hemos hecho, ocurre un cambio dramático en nuestras vidas.

Los 12 Pasos de los Alcohólicos Anónimos han ayudado a muchas personas que sufren de diversas formas de adicción, y también pueden ser útiles para otros. J. Keith Miller escribió el manual *Hambre por Sanidad: Los Doce Pasos de AA como un Modelo Clásico para el Crecimiento Espiritual Cristiano*. Miller tomó los 12 pasos, que tienen sus raíces en la fe cristiana, y los reformuló para que sean útiles para cualquier persona en búsqueda de la plenitud y la sanidad, que es la forma en que él describe la salvación. El primer paso de AA dice: *Admitimos que éramos impotentes ante el alcohol, que nuestras vidas se habían vuelto ingobernables.* En su libro, Miller lo revisó para que dijera: *Admitimos que éramos impotentes ante el pecado, que nuestras vidas se habían vuelto ingobernables.*

¡Tiempo!

Necesitamos un tiempo muerto, como en el deporte, para conversar brevemente antes de ir más lejos. He introducido esa desagradable palabra de seis letras con la que la mayoría de la gente no quiere tener nada que ver …. pecado. Usted puede tener sus propias ideas acerca de esta palabra basado en su historia personal. He escuchado innumerables historias de personas que han sido sermoneados con esta palabra y con su prima, "pecados." Entendamos bien nuestras definiciones.

Hay una diferencia entre pecados y pecado. La primera se refiere a esa larga lista de placeres prohibidos … sí, todas esas cosas que parecen tan sabrosas y deliciosas y que se nos dijo que debemos despreciar, evadir o rechazar. La lista de pecados comienza con el chocolate, continúa con el sexo y también incluye la gula, el racismo, la homofobia y la violencia como ejemplos de pecados que debemos evitar. Incluso, tenemos los siete pecados capitales. Eso no es, sin embargo, de lo que estamos hablando cuando hablamos de pecado. Para ser más exactos, esos pecados provienen del pecado.

Pecado es una palabra muy a menudo asociada en la cultura popular con la moralidad y la virtud, o la falta de ellas. Pero la definición más profunda y significativa de pecado es nuestra separación de Dios. Pecado es estar desconectados de lo santo, de lo bueno, del amor. Se dice que Martín Lutero lo dijo de esta manera: "El pecado detrás de todos nuestros pecados es creer la mentira … de que no podemos confiar en el amor y la gracia de Cristo, y debemos tomar el asunto en nuestras propias manos".

Ponga esa frase al lado de la que re-editó Miller sobre el primer paso. Ellos están diciendo esencialmente lo mismo. Nuestras vidas son inmanejables cuando pensamos que el único camino a seguir es tomar el asunto en nuestras propias manos y no confiar en que Dios nos ama. Es por eso que el viejo refrán que dice: "la confesión es buena para el alma", es correcto. Limpiar nuestros corazones al reconocer, ser honestos, decir la verdad, nos libera de la carga de llevar el secreto, o cualquier cantidad de mentiras.

La confesión es buena para la mente y el alma, y sin embargo, es tan difícil de hacer. ¿Por qué? La respuesta a esta pregunta se encuentra en muchos libros. Aquí está mi respuesta sencilla: Es difícil porque estamos programados mentalmente para protegernos de posiciones vulnerables.

Según la psicología evolutiva, deseamos parecer fuertes e invencibles porque tenemos que protegernos de los enemigos, ya sean otras personas en la tribu que pudieran querer tomar nuestro lugar, nuestra casa, o nuestros cultivos; o enemigos en el bosque que nos atacarían si vieran una vulnerabilidad. Nos apoyamos a nosotros mismos, porque el más fuerte, el más dominante, sobrevivirá.

Desde un punto de vista teológico, ofrecemos lo mejor de nosotros porque nos falta la claridad de vernos como realmente somos. Este autoengaño es una característica humana que vemos reflejada en todas las áreas de la vida, desde padres hasta presidentes. Es como si estuviéramos tan concentrados en nosotros mismos que esa auto-absorción desactiva cualquier claridad.

Una de mis historias favoritas sobre limpiar el corazón está en las Escrituras hebreas. Usted puede leer sobre ella en 2 Samuel 11 y 12. Mi versión es la siguiente: David se ha convertido en rey de Israel y, al igual que muchos de los que ascienden al poder, se cree lo que dicen los titulares de las noticias sobre él. Su arrogancia aumenta, y eso incluye su deseo físico por Betsabé, la esposa de Urías, uno de sus generales. Después de una relación ilícita, y posiblemente no deseada, Betsabé le informa a David que está embarazada con un hijo suyo. Para encubrir el asunto, David intenta varias maniobras diseñadas para disfrazar lo que ha sucedido, y finalmente recurre a hacer que Urías muera en la batalla. Sí, su general. Dios se enoja – está bien, la Biblia dice que fue desagradable ante sus ojos– por lo que envía a Natán para confrontar a David. Al escuchar una serie de parábolas cuidadosamente elaboradas por Natán, David se indigna por el comportamiento de un hombre rico supuestamente ficticio. El comportamiento, obvio para cualquier otra persona, se refiere a David, pero él no se da cuenta hasta que Natán le dice: *"Tú eres aquel hombre." Tú eres el hombre rico injusto, a causa de lo que les hiciste* a Urías y *a Betsabé.* (2 Samuel 12:7) Confrontado con una verdad que no puede negar, David finalmente se da cuenta de lo que probablemente sabía todo el tiempo, pero había decidido ignorar. El Salmo 51 es la confesión de David, limpiando su corazón.

> *Ten piedad de mi, oh Dios ... porque yo reconozco mis transgresiones ... he pecado, y he hecho lo malo delante de tus ojos.*

David procedió a ser un rey muy bueno, en lo que respecta a los reyes de la Biblia hebrea. Une a su país, construye infraestructura y concentra a los dispersos en una tribu, estableciendo el monoteísmo. A veces, limpiar nuestro corazón puede ser un primer paso para avanzar hacia grandes cosas.

En 2014, invité a la Rev. Molly Phinney Baskette a hablar en nuestra Asamblea de Nueva Inglaterra, una conferencia anual para líderes de la iglesia luterana. Yo estaba tan impresionado con su historia en su libro *Iglesia Realmente Buena*, y quería que todos la oyeran. El libro describe la renovación de una congregación en decadencia en una ciudad en la periferia de Boston. Yo anhelaba con gran expectativa escuchar su presentación inicial. Supuse que presentaría un plan lleno de técnicas y tareas para que nuestras congregaciones siguieran, de manera que también pudieran experimentar una renovación. Pero eso no fue lo que hizo. En su lugar, su presentación fue de la siguiente manera:

> A lo largo de los años me han hecho la misma pregunta: ¿Cómo lo hiciste? ¿Cómo levantaste esa iglesia? Si bien he pensado que hay muchas respuestas a esa pregunta, ahora está claro para mí que hay una cosa que se destaca más que cualquier otra. Cada semana, dábamos tiempo en el servicio para que una persona hiciera una confesión. Una historia personal de vulnerabilidad, redención, rescate, humildad, y honestidad.[23]

Lo que Molly había descubierto es algo tan antiguo como la propia humanidad. El quebrantamiento es lo que nos une como personas. Más tarde, escribió un segundo libro titulado *Desnudos Ante Dios*.

Al celebrar un tiempo de confesión verdadera, no simplemente una letanía escrita, esta iglesia llegó a ser conocida como un lugar seguro para que las personas pudieran ser ellas mismas. No quienes pretendían ser, vestidos y maquillados, sino sus verdaderas heridas, decepciones y sueños perdidos. Con el tiempo, a medida que la gente contaba sus historias, más y más personas vinieron. ¿Por qué? Porque por fin había un lugar en sus vidas, un pueblo en sus vidas y un Dios en sus vidas que total y completamente los aceptaba y perdonaba. Eso es muy, muy poderoso.

Limpiar el corazón es un acto espiritual. Puede ocurrir mientras está de pie delante del espejo (quizás lo más difícil), delante de su madre como un adolescente que llega tarde una noche, junto a un amigo, en el sótano en una reunión de AA, o incluso con su jefe o subordinado. Aunque a veces es agotador, cuando lo hacemos, estamos practicando una espiritualidad cotidiana. Dios está en medio de eso, incluso si nunca lo menciona. El simple "lo siento" seguido de "está bien" es un momento lleno de Dios, y usted está practicando espiritualidad cotidiana.

capítulo dieciocho Servir

Una mañana, mientras desayunábamos, le pregunté a mi esposa: "¿Cuándo escuchas la palabra servir, que te viene a la mente?" Sin vacilar, mencionó a Kathy y Roger, una pareja de la congregación que ella pastorea, y prosiguió a explicar por qué.

"¿Necesitas un lugar para vivir, mientras encuentras uno nuevo? No hay problema," dijo. "¿Hace falta construir una rampa para las sillas de ruedas? Hecho. ¿Necesitas transporte para una cita médica? Ellos lo harán."

Mi esposa tiene razón; esta pareja no considera el servicio como una de las muchas tareas o marcas de un cristiano. Es quienes ellos son. Son la personificación del servicio.

Una noche de verano hace unos años, me senté con Roger en un banco de picnic en la zona rural de los Apalaches. Era miércoles, durante nuestra semana de servicio en la que los adolescentes reparaban viviendas. Roger y yo habíamos hecho una media docena de estos viajes juntos, y la mayor parte de las veces todo había ido bien. Sin embargo, esta semana no iba bien para Roger.

Su grupo de cinco jóvenes era un desastre. Los chicos habían pasado la mayor parte de la semana desperdiciando el tiempo, siendo perezosos y poniéndose apodos. Roger estaba frustrado, aunque usted nunca lo hubiera notado. Mantuvo su frustración para sí mismo. Era claro que el proyecto no se iba a poder terminar a tiempo. Este hecho le molestaba, porque una anciana dependía de ello. Ella no tenía dinero para las reparaciones, que incluían pintura, nuevo borde alrededor de la casa móvil, y aislamiento para ayudar a mitigar los fríos inviernos. Vaya semana de cambiar vidas y ser cambiados. Le pregunté qué iba a hacer con su grupo rebelde.

"Bueno, depende de ellos", explicó. "Antes de parar para el almuerzo, los reuní y me disculpé."

"¿Qué? No entiendo", le dije. "Pensé que habías dicho que estaban perdiendo el tiempo y siendo vagos. ¿Por qué te disculpaste?"

"Cierto, son un problema, pero mientras más lo pensaba, más me daba cuenta de que debía ser mi culpa. Por lo tanto, me disculpé y les dije claramente que estaba fallando como su líder adulto. Esbocé el proyecto, y lo que aún no se había completado, y delineé lo que debía estar haciendo incorrectamente, ya que no iba bien y parecía que no íbamos a poder ayudar a esta mujer, después de todo."

Ahora, usted tiene que entender algo antes de que yo continúe con el resto de la historia. Usted podría pensar que Roger estaba tratando de ser astuto, pero no es así. Roger es una cosa: honesto. Estaba poniendo las cartas sobre la mesa con los chicos de una manera muy humilde y transparente. Yo lo había visto trabajar con adolescentes anteriormente. A pesar de que él es un maestro carpintero, en estos proyectos él no está cortando las tablas y haciendo todo el trabajo él solo. No. Está dejando que los chicos vayan primero, guiándoles cuando necesitan ayuda, lo que les permite aprender de sus errores, y a la vez ser entrenados. Él es un maestro experto.

"¿Qué pasó?", pregunté.

Servir

"Estuvieron en silencio durante el resto del almuerzo. No dijeron una palabra. Finalmente, uno de los chicos dijo: 'Roger, no es usted. Somos nosotros. Somos nosotros los que estamos fallando. Hemos estado bromeando estos últimos días. Creo que he sido yo la causa del problema.'"

A eso le siguió una confesión general por parte del grupo. Todos reconocieron su mal comportamiento y se comprometieron a hacerlo mejor. Era miércoles, y el equipo tenía hasta el viernes por la tarde para terminar el proyecto. Tenían sólo dos días para hacer cinco días de trabajo.

¿Que sucedió? El viernes a las 5:00 pm aplicaron la última pintura, y el grupo de chicos abrazó a la anciana, quien lloraba con lágrimas de agradecimiento. Habían terminado todos los proyectos. En la furgoneta, en el viaje de regreso a la escuela en la que todos estábamos alojados durante la semana, los chicos rebosaban de gozo y placer con ellos mismos. Sus espíritus estaban por lo alto, con un sentido de logro y de un servicio bien hecho. Roger conducía. Se limitó a sonreír para sí mismo.

Cuando lo vi esa noche, me terminó la historia, y yo le dije: "Sabes que haz hecho un gran trabajo esta semana."

"No", respondió. "Esos chicos hicieron un gran trabajo."

Podría haber pasado el resto de la noche tratando de convencerlo de su papel fundamental en la experiencia de servicio de esos chicos, pero él hubiera objetado cada intento. Así que, estuve de acuerdo. "Sí, esos chicos hicieron un gran servicio."

De todos los proyectos que he liderado en mis años como párroco, ayudar a las personas a descubrir el valor del servicio se ubica por encima de todas las otras actividades, como la mejor herramienta para enseñar la espiritualidad cotidiana. Viajes misioneros para jóvenes de secundaria a las zonas urbanas de Rochester, Nueva

York, o a zonas rurales de Tennessee; adultos ayudando a construir una iglesia y un centro comunitario en Centroamérica; o familias trabajando en lugares con necesidad en su área local –en esos proyectos, y muchos otros como ellos, la gente ha descubierto el servicio como una expresión de su fe.

El teólogo y futurista Len Sweet, en una ocasión describió la Biblia como una biblioteca que contiene lo que él llama "bombas de tiempo sagradas."[24] En varias épocas, diferentes partes de las escrituras –en sus palabras– "explotaron". Si bien imaginarnos una detonación podría no ser particularmente útil. El punto es que, a través de las edades, diferentes partes del Antiguo y Nuevo Testamento han tenido un poder y una resonancia particular. El siglo 16 vio el libro de Romanos; en nuestro tiempo, podría ser el libro de Santiago:

> *Hermanos míos, ¿de qué aprovechará si alguno dice que tiene fe, y no tiene obras? ¿Podrá la fe salvarle? Y si un hermano o una hermana están desnudos, y tienen necesidad del mantenimiento de cada día, y alguno de vosotros les dice: Id en paz, calentaos y saciaos, pero no les dais las cosas que son necesarias para el cuerpo, ¿de qué aprovecha? Así también la fe, si no tiene obras, es muerta en sí misma.* (Santiago 2:14-17)

Martín Lutero opinaba que el libro de Santiago, junto con el libro de Apocalipsis, contribuyeron a un énfasis excesivo en hacer buenas obras, lo cual le restaba valor al mensaje de Gracia de Lutero. Pero ese era su tiempo, y la corrección necesaria que él proporcionó en el siglo 16 criticaba la práctica insostenible de
la salvación por las buenas obras. En nuestra época, hacemos una pregunta diferente. Nos preguntamos sobre asuntos más terrenales. ¿Cómo podemos marcar una diferencia? ¿Es nuestro estilo de vida sostenible para el planeta? ¿Cuál es mi propósito aquí? Estas preguntas no niegan el poder de la gracia; en su lugar, imploran por la pregunta subsecuente: "¿Qué significa

esta gracia, para el aquí y ahora, no sólo el más allá?" El erudito religioso estadounidense, Martin Marty, lo resume de una mejor manera: "No es lo que usted *tiene* que hacer; es lo que *consigue* hacer."[25] En otras palabras, no es lo que tenemos que hacer para ganar el favor de Dios, el amor, y la promesa de salvación. Más bien, es saber que la promesa de Dios es un hecho, un punto de partida; por lo tanto, al abrazar esa promesa, vea que diferencia logramos hacer.

La libertad que tenemos para servir a nuestro prójimo desde la gracia, la bondad y el amor de Dios, es una oportunidad de oro.

Tengo una fantasía de una iglesia que se anuncia como una comunidad de servicio. Tal vez una publicación habitual en craigslist, el sitio de anuncios clasificados en línea, podría decir: "¿Necesita hacer algo?, nos encargamos de eso." Si quisiéramos llegar a un público más difícil, se puede sustituir la palabra 'algo' con otra cosa diferente. Una congregación, una comunidad de personas cuyo único propósito sería servir a otras personas, fuera radical. Eso sería increíble, y también sería una de las mejores maneras de ayudar a las personas a ver a Dios en la vida cotidiana.

En varias de las historias que recibí para este libro, la gente identificó su espiritualidad cotidiana relacionada con el servicio a los demás:

> Ed trabaja para una corporación. No es raro encontrarlo llamando a reuniones desde un hotel internacional en China o Europa del Este. Este empresario desarrolló una pasión por la gente en Honduras después de participar en varios viajes misioneros de servicio. Ahora identifica ese trabajo como un componente central de su espiritualidad. La iglesia donde regularmente asiste ha sido dirigida por una pastora que está profundamente comprometida a ayudar a las personas a crecer en su discipulado y su espiritualidad.

> Susan me dijo recientemente que, después de once años de cultivar conversaciones significativas sobre la fe, su equipo de liderazgo identificó la acción y el servicio como el núcleo de quiénes ellos son como pueblo de Dios. Su énfasis bíblico es el libro de Santiago.

Fuera de las actividades formales de la iglesia, otras personas escribieron para describir momentos en que ayudaron a sus vecinos, hospedaron a alguien mientras ahorraba dinero suficiente para alquilar su propio lugar, y visitaron gente en prisiones u hospitales:

> Fran describe su trabajo como voluntaria en una biblioteca pública local, donde enseña lectura a niños de la escuela intermedia. Entrada en sus años de jubilación, describió varios casos donde tuvo que abordar temas tan difíciles como el racismo, los prejuicios religiosos o el acoso escolar. Su enfoque es fomentar confianza en los niños y luego desafiarles a ver el punto de vista de los otros. "Mi fe se vivifica cuando estoy haciendo este servicio voluntario."

El servicio puede ser grande y audaz e incluir viajes por todo el mundo. También puede ser pequeño y silencioso. De la misma manera que la generosidad nos ayuda a ser lo mejor de nosotros y descubrir lo más noble de nuestra conciencia, el servicio funciona de una manera similar. La gente hace cosas pequeñas cada día, cada semana o cada cierto tiempo. Estos pequeños actos incluyen cortar el césped del patio de un vecino mientras se recupera de una cirugía, dejar que una madre soltera con dos hijos pase delante de usted en la fila de la caja del supermercado, contratar a alguien que necesite una oportunidad, animar a un adolescente triste que tiene un proyecto. La lista podría seguir.

Cuando me dedico al servicio, me convierto en una persona más interesante y atractiva. Cuando soy egoísta y me concentro en mí mismo, no es divertido estar cerca de mí. El servicio me cambia, me moldea, me humaniza. Cuando estoy enfocado en mí, nadie quiere estar cerca de mí. Pero, cuando doy de mí, me ofrezco, o ayudo a los demás, me estoy abriendo a un encuentro con Dios. También soy una persona mucho más atractiva con la cual compartir.

¿Cuál es la manera más impactante en que las personas se dan cuenta de que ya son espirituales? Creo que es mediante la participación en actos de servicio a los demás.

¿Usted quiere ser una persona diferente? Haga un esfuerzo –y sirva. Tal vez no todos los días, pero, ¿qué le parece todas las semanas? Hay oportunidades delante de usted diariamente.

Sección Tres

Cosas Que Hacemos Cada Cierto Tiempo

capítulo diecinueve
Cultivar

El día que cruzamos la frontera de Wisconsin hacia Iowa, de repente me quedé en silencio. Lisa me acompañaba en el viaje desde de mi casa temporal en New Hampshire hasta mi nueva residencia cerca de Burr Oak, Iowa. Mientras ella conducía, yo miraba las colinas, los numerosos silos de las granjas lecheras, y las vacas ... muchas vacas.

"Esa es una Guernsey. Aquellas blancas y negras son las Holsteins", comentó. Años más tarde, me dijo que mi silencio revelaba ansiedad interna. Ella tenía razón. Habíamos estado saliendo juntos por solo unos pocos meses, pero ella tenía un sentido intuitivo de que mi nivel de aprensión iba en aumento.

¿En qué me he metido? Pensaba yo.

Seis meses antes, la posibilidad de ir a una nueva parte del país para pasar un año de práctica profesional parecía atractiva. Un año en el campo; ¡eso sería maravilloso! Sin embargo, a medida que nos acercábamos más y más, la realidad de mudarse a un lugar y una cultura de los cuales no tenía un punto de referencia era desalentador. Estaba a punto de descubrir un nuevo aspecto de la experiencia americana.

Para el invierno, ya nos habíamos casado; y en la primavera, decidimos plantar un huerto en el patio de nuestra rústica casa campestre de color blanco. Nuestro vecino nos ayudó a arar el área por primera vez, nuestros nuevos amigos nos hicieron sugerencias, y un travieso miembro de la iglesia pensó que sería divertido que tuviéramos un gallo y una gallina. Un año viviendo en el campo me conectó con el corazón de EE.UU. –un lugar de relativa inocencia en la superficie– y con la comunidad que se reunía alrededor de los juegos de softball durante el verano; también me hizo entender que los agricultores son las personas que más trabajan en el planeta. Tener un huerto del tamaño de un estacionamiento de un McDonald no fue una tarea fácil tampoco.

De todas las actividades en las que participamos durante aquel año, cultivar es obviamente una práctica espiritual que parece evidente por sí misma. ¿Para qué entonces dedicarle un capítulo? Pues bien, este libro se trata de hacer que lo obvio sea más evidente.

No soy jardinero. Mi esposa cumple esa función. Soy quien rastrilla las hojas y opera la carretilla de vez en cuando. Para ella, hay placer en trabajar la tierra, sembrar las semillas y disfrutar la belleza del final de la primavera, el verano y el otoño en Nueva Inglaterra. Durante años, he visto a Lisa deleitarse en cuidar el jardín de flores o deshierbar un huerto orgánico. Ese huerto produce verduras para una despensa de alimentos de la comunidad, proporcionando así hortalizas frescas a los visitantes. Durante la temporada, una exposición de tomates recién cosechados, col rizada o guisantes dulces, decoran la mesa al lado de las latas de comida y utensilios de cocina.

Los que trabajan en el huerto, lo atienden de acuerdo a un calendario semi-organizado y a la disponibilidad de cada uno.

Cada primavera, se hace una limpieza anual, se riega y se deshierba, además de prestar atención al control de plagas. Las plagas pueden ser insectos, venados o curiosos espectadores, todos en busca de probar una muestra. ¿Por qué hay gente que dedican todo ese tiempo y energía? ¿No sería más eficiente recaudar algo de dinero extra y comprar verduras y frutas en el supermercado local?

Posiblemente. Sin embargo, la eficiencia no es el punto. El punto es crear un sentido de comunidad entre los amantes de la tierra y las semillas, así como la intangible virtud de amor, extendido a través de la tierra, hacia los necesitados. Cultivar es una disciplina espiritual. De hecho, uno no se encuentra el club de cultivo de verduras en la página web de la iglesia en la categoría de "Grupos de Crecimiento Espiritual." Pero, ¿no es eso lo que es? Si cultivar no es espiritualidad cotidiana, entonces no estoy seguro de que seamos capaces de ir más lejos.

La profesión más antigua del mundo se remonta a unos 10.000 años atrás en la parte del mundo que ahora se conoce como el Oriente Medio –Siria, Israel, Irak y Egipto. Allí, en los valles de la Media Luna Fértil y a lo largo del río Nilo, nuestros antepasados comenzaron a sembrar y cosechar cultivos de trigo, cebada, lentejas, guisantes, lino y garbanzos. Durante milenios, papas, tomates, manzanas y naranjas se fueron añadiendo gradualmente, a medida que el comercio entre los pueblos antiguos diversificó el abanico humano. En el mundo antiguo, todo el mundo era hortelano, o por lo menos cada familia tenía un huerto y personas que cuidaban de él.

No es de extrañar que el gran poema de Génesis sobre los orígenes de la vida humana representa un huerto como la sala de parto donde nacen las primeras personas. Adán y Eva emergen de la tierra, y uno del otro, en un lugar de vegetación rica y copiosa. Incluso sus nombres son indicativos de sus orígenes: Adán en hebreo es *adamaha*, que significa "de la tierra", y Eva es nuestra traducción de *ishshah*, que significa "del hombre." (El hombre es *ish*, Eva sería *isha*). No me gustaría que usted ande por ahí llamando a todos los hombres *ish*. Pero esa es otra historia ... o ¿será parte de la historia?

En efecto, estas criaturas terrenales vienen del polvo de la tierra. Comienzan su vida en el huerto, y las cosas van bastante bien hasta que el egoísmo toma el control. El punto aquí es que el paraíso llamado Edén es el lugar que la gente llama hogar, tanto en sentido espiritual como metafórico, y también en lo práctico, en el sentido de que 'podemos comer'. Cuando usted está cultivando, está regresando de nuevo al huerto –de vuelta a casa.

El huerto y la vida espiritual se entretejen a lo largo de la historia. Cuando los árabes conquistaron España en el siglo ocho, introdujeron la construcción de minaretes y mezquitas, y también la práctica de cultivar. Su contribución, y el cultivo de huertos, impactaron gran parte del sur de Europa, al introducir dátiles, higos, almendras, albaricoques, manzanas, peras, membrillos, ciruelas y duraznos. También cultivaron una amplia variedad de flores, incluyendo rosas, malvas, narcisos, violetas, alhelíes, y lirios. Esa puede haber sido la Temprana Edad Media para gran parte de Europa, pero había un punto positivo en lo que respecta a la diversificación de la agricultura. Los monasterios cristianos eran también centros de cultivo al añadir plantas con propiedades medicinales a la típica visión europea del Edén. A medida que el comercio se expandía, nuevas hierbas, especias, y verduras eran añadidas a los huertos en los santuarios para crecimiento espiritual e intelectual. Los monasterios de la Edad Media no sólo eran los centros que sostenían los escritos de los orígenes cristianos, la filosofía griega y la historia romana, sino también santuarios de vida saludable. Sus huertos eran fuentes de alimento para la mesa y lugares de belleza y meditación.

Otro aspecto de cultivar como una forma de espiritualidad cotidiana es la maravilla, el gozo, el placer, el deleite y los beneficios para la salud de estar en el mundo natural. Ya hablamos de esto en un capítulo anterior sobre caminar en lugares naturales.

Numerosos estudios científicos han demostrado que los entornos naturales pueden tener notables beneficios para la salud humana, ya que promueven emociones positivas y una aguda energía física y mental. La naturaleza ha sido asociada con efectos positivos en los niños diagnosticados con impulsividad, hiperactividad y déficit de atención. Vivimos en un mundo cada vez más dominado por la sobrecarga de información, una gran cantidad de opiniones en línea, y la distracción del último objeto brillante. Tal vez un paseo por un huerto sea una receta para la salud.

Ningún otro autor ha capturado la belleza, la maravilla y la espiritualidad de la naturaleza, mejor que la poetisa de Cabo Cod, María Oliver. A través de sus escritos, utiliza imágenes de la vida para que el lector se de cuenta de que lo santo y lo sagrado nos aguarda en el mundo natural.

Hoy

Hoy estoy volando bajo y no
voy a decir una palabra.
Estoy dejando que duerman todos los vudús de la ambición.

El mundo sigue su curso como debe ser,
las abejas en el jardín retumban un poco,
los peces saltando, los jejenes siendo comidos.
Y todo lo demás.

Pero estoy tomando el día libre.
Silenciosa como una pluma.

Casi no me muevo, aunque en realidad
estoy viajando una distancia increíble.
Quietud. Una de las puertas hacia el templo.

– Mary Oliver
tomado de *Mil Mañanas*

Los dos temas que predominaron en las presentaciones que recibí para este libro fueron historias personales de dolor, e historias relacionadas con pasar tiempo en la naturaleza. Una persona tras otra me escribía historias sobre una ocasión en un bosque, en una duna de arena del desierto, o caminando a través de un huerto. Esos momentos en lugares naturales parecían prestarse a encuentros con lo santo.

María escribió sobre una mañana de verano en su jardín de flores. Había plantado las semillas semanas antes, por lo que su visita tenía por objeto simplemente hacerse cargo de las malas hierbas. Fue una de las primeras mañanas cálidas de la estación, y el sol acababa de asomarse en el horizonte. Nuestra intrépida jardinera estaba de rodillas, replantando una sección que había sido excavada la noche anterior por algún inoportuno visitante en busca de un bocadillo. En medio de la quietud, notó el aroma a tierra fértil debajo de ella. Entonces, mientras la luz del sol penetraba a través de las ramas de los árboles y le calentaba la espalda, se sintió movida a acostarse boca abajo en el jardín. Se tendió en silencio durante lo que parecieron horas, con la cabeza girada hacia un lado y la oreja apoyada en la tierra. Y escuchó un sonido ... una especie de zumbido. Después de mucho tiempo de escuchar con atención, se dio cuenta de lo que era ... el sonido de la germinación de las semillas, sus primeras raíces comenzando a extenderse en la tierra, el movimiento de la tierra mientras las plantas comenzaban a crecer. Ella escribió: "Era como si escuchara el sonido de la vida. El regalo de la vida, de la creación de Dios, realmente estaba ocurriendo delante de mis oídos".

Mi amigo Dave describe un evento similar que sucedió durante su infancia. Su abuelo le despertó antes del amanecer para ir a los campos de maíz en su granja en Iowa. Dave obedeció al anciano cuando le dijo que se acostara en el campo de maíz y escuchara.

Después de un corto periodo de tiempo, en el silencio de los segundos antes del amanecer, lo escuchó. El sonido del maíz haciendo crujir las cáscaras. La tierra estaba viva. Toda la creación estaba cantando.

Cuando usted está en el huerto, usted está orando, incluso si no está pensando en una oración. Cuando está en el huerto, usted está orando mientras labra la tierra, la riega, planta semillas, y sí, incluso al final de la temporada, cuando está dejándolo reposar para el invierno. En su huerto, usted practica una espiritualidad cotidiana que está conectada con decenas de miles de años de historia humana, y con la Fuente de todo este milagro de crecimiento que usted está tocando. Cultivar podría ser la más espiritual de todas nuestras prácticas cotidianas.

Cobremos vida en el esplendor que está a nuestro alrededor y veamos la belleza en lo ordinario.

– Thomas Merton,
autor del siglo XX, poeta y monje

capítulo veinte Reducir

Mi hermano Art, y su esposa, Yumiko, practican el *O-soji*, o "gran limpieza" cada año. Yumiko describe su larga historia:

> "O-soji" es algo que muchos japoneses hacen al final de cada año. Por lo menos, mi familia lo ha hecho desde que era una niña. Mi madre y mis dos hermanas, aún limpian sus respectivas casas cada año. Se nos enseñó que debíamos limpiar para entrar a un nuevo año con una sensación de frescura y limpieza, sin la vieja suciedad del año que termina. En mi familia, recibimos regalos como nuevos calcetines, ropa interior nueva, y nuevos cepillos de dientes en la mañana de Año Nuevo para iniciar el año con todo nuevo.

Siempre pensé que la motivación detrás de ese ritual anual podría ser los barrios estrechos y el espacio limitado en muchos apartamentos de Tokio, pero la tradición anual de cada primavera en Japón comenzó con los templos budistas y los santuarios sintoístas, donde se practica la centenaria tradición de limpiar el hollín de sus edificios. Además de la higiene regular, estas limpiezas son rituales religiosos que simbolizan la oración por buenas cosechas e higiene adecuada.

En los últimos años, aquí en los Estados Unidos, ha habido un creciente interés en simplificar, minimizar y recortar varios aspectos de nuestras vidas. Esto lo vemos en la popularidad de gurús de limpieza y organización como Marie Kondo. Los minimalistas, dos jóvenes caballeros sofisticados que dejaron sus puestos de trabajo corporativos de seis cifras para abrazar una vida más sencilla, iniciaron un movimiento en torno a la simplificación. También ha surgido el grupo del movimiento FIRE (Financieramente Independiente, Retirarse Antes de Tiempo, por sus siglas en inglés) dirigido por el defensor de vivir con menos, Mr. Money Mustache, cuyo verdadero nombre es Pete Adeney. Vicki Robin recientemente revisó y lanzó nuevamente su libro superventas de los 90, *La Bolsa o la Vida* (en coautoría con el fallecido Joe Domínguez), para una nueva generación en busca de una alternativa al énfasis de 'más es mejor' de la sociedad americana.

Usted podría pensar que este reciente énfasis en vivir de manera modesta surgió de la nada, pero vivir de manera modesta, vivir con menos, o reducir nuestro consumo, no es algo nuevo. Es una antigua sabiduría que podemos rastrear su origen en la cultura occidental. Las expresiones recientes de minimalismo tienen sus raíces en las comunas de la década de 1960, que se remontan a la labor de defensores de la vida simple, tales como Scott y Helen Nearing en el 1930 y, en una generación anterior, Henry David Thoreau.

Encontramos un movimiento que llamaba a la modestia en varios momentos clave de la historia, promovidos por una diversidad de personas como Blaise Pascal, San Francisco de Asís, San Agustín de Hipona, y los padres y madres del desierto del norte de África del siglo II. Las primeras partes de la Biblia contienen secciones enteras de advertencias al pueblo sobre los peligros del exceso.

Mientras Moisés sacaba a los esclavos hebreos del cautiverio de 400 años y los guiaba hasta el borde de la tierra prometida, emitió un recordatorio aleccionador. La tierra a la que estaban a punto de entrar, en efecto, era rica. La tierra produciría, para ellos y sus descendientes, suficiente comida para alimentar a un pequeño imperio. Esa era precisamente la preocupación de Moisés en su discurso de 30 capítulos al pueblo cuando se disponían a entrar a la tierra de la abundancia. Él les está advirtiendo sobre la tentación a ser como la cultura de faraón, es decir, una cultura de adquisición.

Una traducción contemporánea del discurso de Moisés en los primeros capítulos de Deuteronomio podría ser: Cuidado con lo que está delante de ustedes; no olviden sus orígenes. Esta tierra a la que entrarán, los hará más ricos de lo que jamás puedan haberse imaginado. La tentación de crear un sistema construido en torno a poseer más, será grande. Si ven esta tierra como su propia posesión, y no como el regalo de aquél que los liberó de la esclavitud, se convertirán en iguales a Faraón. El resultado será un apetito insaciable, y nunca estarán satisfechos. Siempre van a querer más. Tengan cuidado.

Su discurso antes de recordarles el pacto comienza.

> Moisés reunió a todo el pueblo de Israel y dijo:
>
> *«¡Escucha con atención, Israel! Oye los decretos y las ordenanzas que te entrego hoy, ¡para que los aprendas y los obedezcas!» El Señor nuestro Dios hizo un pacto con nosotros en el monte Sinaí. El Señor no hizo ese pacto con nuestros antepasados sino con nosotros, los que vivimos hoy.* (Deuteronomio 5:1-3, NTV)

La frase clave es "él (Dios) lo hizo con nosotros, los que vivimos hoy." Esa es una advertencia para el pueblo que estaba a punto de entrar a la Tierra Prometida, y también para nosotros en este momento en el siglo 21. La precaución de vivir de acuerdo a nuestras posibilidades, ya sea un presupuesto familiar o un planeta verde, es permanente en la historia de la humanidad.

Jesús habló sobre la molesta naturaleza de las riquezas en sus diversas formas. Sus parábolas abordan regularmente asuntos relacionados con la injusticia, el enfoque de la vida infectado con el cáncer de la codicia, y la inutilidad de acumular mientras otros son pobres, hambrientos y desposeídos. Elogia la generosidad de una simple viuda y reprende a sus discípulos por desear estatus y poder. Jesús comprendió el poder de menos. Él conocía el poder de la simplicidad como una herramienta para liberar a la gente de la trampa del exceso. El peso puede ser una tarea difícil de sobrellevar.

Este capítulo podría haberse titulado: "Porqué Conseguir un Contenedor de Basura es un Acto de Espiritualidad Cotidiana".

Aproximadamente cada siete años, compro un contenedor de basura, o realizo una venta de garaje, o me deshago de artículos del hogar. No lo entiendo totalmente, pero mi reacción después de ese tipo de actividad es siempre la misma: completa y total satisfacción. Es como si me hubiese quitado un peso de encima. Yumiko lo describe así: "Si no quiere tirarlo a la basura, entonces recíclelo, déselo a alguien o deposítelo en uno de esos contenedores para donativos. Usted sabe que tiene demasiadas cosas. Yo tengo demasiadas cosas. Todo este desorden es un reflejo de nuestra alma, y tenemos que reducir el desorden".

Supongo que, si ha leído hasta aquí, probablemente esté asintiendo con la cabeza. Si bien todos tenemos la esperanza de vivir un estilo de vida satisfecho, o incluso mejor que satisfecho, la mayoría de la clase media reconoce que un sofá más no va a solucionar el hambre profunda que tenemos en nuestras almas.

Un estudio ampliamente citado, realizado en 2010 por el economista Angus Deaton y el psicólogo Daniel Kahneman, sugiere que una vez que una familia en los EEUU alcanza un ingreso anual de $ 75.000, recibir más ingresos tendrá poco impacto en la felicidad.²⁶ En otras palabras, tener más tiene sus límites. Sí, ganar más dinero puede mejorar su vida dramáticamente si usted hace de $ 30.000 a $ 55.000 por año, pero después de $ 75.000, el contentamiento depende menos del dinero y más de algo superior.

Ya hemos destacado algunos de las causas principales que contribuyen a nuestra satisfacción, como los amigos y las experiencias. ¿Sería posible que algunas de nuestras pertenencias y algunas de nuestras actividades necesiten ser reducidas?

Hay una extensa tradición en la cultura estadounidense de cuestionar los excesos de nuestra sociedad. Cuanto más tenemos, más nos preguntamos algunos de nosotros si todo eso vale la pena. En 1845, Henry David Thoreau se trasladó desde Boston hasta la laguna de Walden, que estaba entonces en el campo. Quería experimentar con la modestia. En julio de 1845, comenzó a construir una pequeña cabaña en el bosque. Su ahora famosa frase de "la mayoría de los hombres viven la vida en una silenciosa desesperación" surgió en ese tiempo. El espíritu de la frase es vivir modestamente en un tiempo en que otros viven en el caos frenético de la adquisición.

¿Existe el deseo de vivir con menos? ¿Tal vez de reducir el desorden en la casa o el desorden en su calendario? ¿Necesitamos todos esos artículos que están en el garaje, en el sótano o en los armarios? El año pasado decidí averiguar la frecuencia con la que uso algunas de mis ropas. Usando un sistema de colocar las perchas hacia el lado contrario, descubrí que no me había puesto algunas de mis camisas y pantalones durante todo un año. ¿Por qué los conservo? Vamos a minimizar.

Muchas personas se quejan de que no tener suficiente tiempo es la principal limitación para vivir una vida más significativa. En la introducción a este libro, señalé con qué frecuencia las personas que me respondieron estaban de acuerdo con la siguiente afirmación: "A pesar de que mi fe es importante para mí, siento que hay otras cosas más urgentes en mi vida en este momento." ¿Cómo podemos dejar pasar algunas cosas para encontrar tiempo para las cosas que realmente valoramos?

Mientras escribía este libro, me hice la misma pregunta cuando me di cuenta de que necesitaba más tiempo para completar este proyecto. Al examinar mi vida, me di cuenta de la cantidad de tiempo que pasaba en las redes sociales, en particular la profana trinidad de Facebook, Twitter e Instagram. Pueden ser una gran herramienta para la comunicación, pero sabía que en múltiples ocasiones se habían convertido en una gran distracción. A principios de este año, Apple actualizó su software para incluir un informe semanal sobre nuestro uso del teléfono. Mis resultados fueron aterradores. Estaba pasando casi cuatro horas por día en mi teléfono, en podcasts y en las redes sociales.

A medida que la estación de Cuaresma se acercaba, me decidí a tomar un permiso de ausencia de los medios de comunicación social. Fue mi ayuno Cuaresmal de los Medios Sociales. Aunque continuaba usando el Internet para comunicarme a través del correo electrónico y para escribir en mi blog, me abstuve de los "me gusta", los "corazones" y los "comentarios" durante seis semanas. Como no confiaba en mí mismo, necesitaba ayuda. Eliminé todas las aplicaciones de mi teléfono, los enlaces de mi navegador, y le pedí a un amigo que cambiara todas las contraseñas. Ahora me había quedado sin acceso.

Gané casi tres horas por día. Usaba mi teléfono sólo para mensajes de texto y llamadas telefónicas –oh, y la cada vez más importante tarea de chequear el tiempo. El exilio forzado me dio el tiempo y la atención que necesitaba dedicar a este libro, y me obligó a levantar la cabeza de la pantalla y ver el mundo.

Quizás más satisfactorio y sorprendente fue el descubrimiento de que no me interesaba llamar la atención, ni lo que la gente pensaba de mí. Ya no medía mi valor por el número de respuestas, "me gusta", o comentarios sobre mis mensajes. Volví a ser una persona que hace su trabajo solamente por el bien de hacerlo y por la satisfacción que conlleva consigo. Creo que hice un mejor trabajo, escuché con más atención a la gente, y centré la atención en las cosas que importaban, como las experiencias y las personas.

"Reducir" es un valor espiritual que vale la pena explorar. Los beneficios que reciben los que nos rodean, y el planeta, son expresiones de espiritualidad cotidiana.

> *¿Cuáles son algunas maneras en que podría vivir con menos?*
>
> *¿Qué es algo que va a utilizar hasta que se gaste?*
>
> *¿Necesita su sótano o garaje que se realice una venta de garaje?*
>
> *¿Hay alguna forma de tecnología que le roba el tiempo?*
>
> *¿Cuál es un área de su vida que le gustaría simplificar?*
>
> *Si tuviera el tiempo, ¿qué haría?*

capítulo veintiuno
Desafiar

Hace varios años, me invitaron a dar un sermón en la Escuela de Divinidad de Yale. Mientras salía por la puerta en la mañana, en el último momento decidí agarrar el pequeño cartel enmarcado que estaba sobre la mesa del vestíbulo principal. "La vida comienza al final de tu Zona de Confort", decía. Sí, esta será la frase perfecta para comenzar mi sermón.

A medida que los estudiantes y profesores llegaban, vi como la capilla Marquand comenzaba a llenarse de algunas de las personas más inteligentes del planeta. Comencé a dar rienda suelta a mi imaginación. El arsenal intelectual en aquel salón era superior al de todos los reformadores del siglo 16. Las paredes de la capilla irradiaban con la sabiduría de notables profesores de la talla de H. Richard Niebuhr, Roland Bainton y Henri Nouwen.

De repente, mientras estaba sentado allí, con mi camisa clerical de color negro, una cruz pectoral y un traje marca Joseph A. Bank, el pánico se fue apoderando lentamente de mí. Las notas de mi sermón estaban sobre mi regazo, y cuando les eché un vistazo, me di cuenta que no tenían ni notas a pies de página, ni citas de teólogos importantes, y muy pocas palabras rebuscadas. El preludio interpretado por el pequeño conjunto musical comenzó a sonarme como mi canto del cisne. Los pensamientos se aceleraban en mi mente. *¿Quién eres tú para pensar que puedes* *decirle algo a estas personas? ¿Qué clase de impostor eres? Si haces como que te caes y finges una enfermedad dramática, es probable que puedas salir de todo este rollo.*

Las semillas de la duda y el temor ya habían sido plantadas unos días antes, al recibir un correo electrónico de un antiguo estudiante de Yale:

> Obispo Hazelwood, me enteré que hablará en la capilla Marquand la próxima semana. Hace unos años, escuché al Obispo Presidente Hanson predicar uno de los mejores sermones que he escuchado en ese mismo salón. Sin presión. :).

Bueno, eso fue útil y alentador. Y ahora, sentado en el primer banco, con un ataque de pánico a todo motor, miré hacia abajo, a mi pequeño cartel enmarcado: "La vida comienza al final de tu Zona de Confort." Estaba viviendo mi mensaje.

La mayoría de los estadounidenses identifican el hablar en público como su temor número uno, seguido de cerca por miedo a las serpientes, insectos y a los niños pequeños. Sí, eso último lo inventé yo. En realidad, la lista de nuestras preocupaciones sigue y sigue. Probablemente, podríamos generar una lista de los 10 temores principales ahora mismo, en menos de 30 segundos. Incluso las personas más tranquilas y apacibles tienen temores, y muchos otros viven en un estado de ansiedad crónica.

¿Sabía que cuando usted tiene miedo, está practicando la espiritualidad cotidiana?

"El temor del Señor es el principio de la sabiduría" es un proverbio bien conocido de la Biblia. El temor es un atributo humano universal, y también es una palabra común en la Biblia, que aparece más de 365 veces entre el Antiguo y el Nuevo Testamento. Su uso es bastante variado. Por un lado, temor se refiere a una desagradable respuesta emocional al peligro; sin embargo, también significa admiración o respeto. Una cosa es evidente en estas lecturas: aquí el temor no se trata de pavor, que es ese inquieto sentido de fatalidad inminente. El temor parece ser el que soporta la tensión entre el miedo y el honor. Una cosa parece clara: hay una conexión entre el temor o admiración reverencial a Dios y el conocimiento del Santo.

Tal vez temor no sea la mejor palabra para usar en este contexto. De lo que estamos hablando es de un espíritu de aventura. Ese es el final de nuestra zona de confort –la vida como una aventura. Claro, hay temor presente en cualquier experiencia nueva. Piense en algunos de los momentos más significativos de su vida. Con frecuencia, son momentos en los que sintió un poco de temor antes de emprender una nueva aventura.

- El matrimonio
- Tener un hijo
- Comenzar un nuevo trabajo
- Mudarse a una nueva comunidad

Todos ellos implican salir de nuestra zona de confort, atravesando un estado de temor, y dirigirnos hacia una aventura. Enfrentamos esos momentos con valor y determinación. Sí, usted ciertamente tiene valor. Más de lo que usted piensa, me parece. Cuando enfrentó nuevos capítulos en su vida, la única manera de seguir adelante requirió valor. Soy aficionado a la obra de la escritora Brené Brown sobre este tema. Ella escribe: "El valor comienza con estar presentes y dejarse ver."[27]

No es sólo cuando tenemos miedo que estamos practicando la espiritualidad cotidiana, sino es también cuando entramos en el temor, procedemos hasta el final de nuestra zona de confort, y mostramos valor, que demostramos una nueva forma de espiritualidad. Lo hacemos más a menudo de lo que pensamos.

Karen me escribió acerca de su larga lucha con la agorafobia, un trastorno de ansiedad que hace que la gente evite los lugares y situaciones que podrían causar que se sientan atrapados o en pánico. En el caso de Karen, era un temor que limitaba su capacidad de viajar más allá de los límites de su ciudad. Ella me dijo que esto se había desarrollado más recientemente, a medida que envejecía. Su historia es complicada y larga, e incluye varios intentos de abordar su condición con médicos y a través de varios tratamientos experimentales. Ella quería desesperadamente obtener el valor para viajar, porque quería visitar a sus nietos. Finalmente, su ministro le sugirió un director espiritual.

Después de posponer esa decisión durante años, finalmente se reunió con una directora espiritual llamada Katrina, quien la ayudó a ver sus temores de forma diferente. En vez de resistir el temor, se le exhortó a que entrara en él. A través de la oración, conversaciones espirituales, lecturas y una imaginación activa, Karen consiguió lentamente el valor de dialogar con sus temores.

Ella escribió: "Me di cuenta de que había estado luchando y resistiendo mis temores. Katrina me ayudó a ver mis temores como un regalo para mí. Comencé –y sé que esto puede sonar como una locura– a hablar con mis temores. Sí, tuve conversaciones con mis temores. Cuanto más hablábamos, más los entendía. Poco a poco, eso me permitió hacer viajes a un restaurante en un pueblo cercano; luego, eventualmente, pasé una noche. Por último, hice el viaje, sólo por un día, a ver a mis nietos. Oh, he tenido mis contratiempos, y no todo es color de rosas, pero puedo viajar más de lo que solía. Finalmente me di cuenta de que podía confiar en que Dios estaría conmigo en mis temores. No estaba abandonada".

La historia de Karen es un notable testimonio de coraje. Con la ayuda de una guía sabia, ella fue capaz de enfrentarse a sus temores en lugar de huir de ellos.

Muchos de nosotros en los EE.UU., tenemos lo que podríamos llamar una vida bastante confortable. Generalmente hablando, nos va bastante bien. Tenemos un nivel de estabilidad relativamente alto en comparación con muchos países del mundo, y con la gente a lo largo de la historia de la humanidad. La desventaja de esa comodidad es una especie de monotonía en la vida. La vida se ha convertido en un poco predecible para muchos de nosotros.

Tal vez aquellos de nosotros que estamos cómodos necesitamos un desafío. Estoy abogando porque tomemos una ligera aventura hacia la incomodidad. ¿Por qué? Porque creo que cuando nos arriesgamos, incluso si es sólo por un poco tiempo, descubrimos algo sobre nosotros mismos y, especialmente, algo sobre nuestra experiencia de Dios.

¿Qué aventuras ligeras podría considerar?

Periódicamente, tenemos que hacer algo difícil. Necesitamos un desafío, ya sea físico, emocional, intelectual o relacional. Nosotros, los seres humanos, mejoramos con las pruebas. Eso es tan simple como el hecho de que la gravedad es una fuerza que nos desafía cada mañana cuando nos levantamos de la cama. Esa ley física tiene un impacto positivo en su bienestar. Cuando ejerce un efecto sobre usted, le obliga a responder y empujar contra ella ... sólo para levantarse e ir al baño. Usted está usando los músculos cuádriceps y el glúteo mayor. El desafiar esos músculos le hace a usted más fuerte.

¿Estoy diciendo que levantarse de la cama en la mañana es una experiencia de espiritualidad cotidiana? Sí. Creo que usted está entendiendo. Pero vayamos un poco más lejos. Estoy sugiriendo que con un poco de intencionalidad, usted puede optar por hacer algo difícil y hacer que el desafío sea espiritualmente real.

¿Hay algo en la tradición cristiana que hable sobre este tema? A San Francisco le tomó bastante tiempo para lograr establecer su ministerio; se enfrentó a la resistencia de muchos a su alrededor.

Santa Teresa de Ávila tuvo que luchar para crear un nuevo orden y una práctica espiritual renovada. Martín Lutero tuvo algunos desafíos en el camino. Dorothy Day experimentó resistencia a su Movimiento del Trabajador Católico, mientras que el activismo de Oscar Romero en El Salvador, le costó caro. Y tenemos esto: "Entonces Jesús dijo a sus discípulos: *Si alguno quiere venir en pos de mí, niéguese a sí mismo, y tome su cruz, y sígame.*" (Mateo 16:24)

Los desafíos, replanteando este tema, son parte de la vida cristiana. Lo sabemos intelectualmente. Pero tan a menudo lo resistimos. Por supuesto, nos gustaría estar en mejor forma física, pero eso significa que tendríamos que hacer algunos sacrificios, comer mejor y hacer ejercicios. Sé que me gustaría un trabajo mejor renumerado, pero, ¿tengo que trabajar en mejorar mis habilidades, estudiar y poner más esfuerzo? Quiero ser un mejor cocinero, aprender la pesca con mosca, actuar en una compañía de teatro local, aprender a hablar español, construir una casa, dar una caminata por los Apalaches, *pero* ...

No hay peros; sólo el desafío que tenemos delante. Simplemente hágalo.

Hay una historia emocionante que se le atribuye a la psicóloga suiza Mary-Louise Von Franz, una de las primeras estudiantes de Carl Jung, mientras daba una charla sobre la psicología de las mujeres (aunque creo que se aplica a los hombres también):

"Toda mujer tiene, posada sobre su hombro, una entusiasta vocecita que siempre está hablando con ella. Cada vez que la mujer sale a hacer algo, para iniciar una nueva aventura, esa voz se despierta y dice algo así como: "¿Y quién crees que eres para intentar algo así?"

Durante el período de preguntas y respuestas, una mujer del público, refiriéndose de nuevo a esa pequeña ilustración, dijo: "Bueno, ¿hay algo que se puede hacer para deshacerse de esa voz?"

"No", Von Franz respondió, "pero podemos educarla."

En agosto de 2015, mi amigo Kurt y yo fuimos en nuestras bicicletas desde Nueva Inglaterra a Cleveland, Ohio. Viajamos 112.6 kilómetros cada día. Nos tomó una semana, gran parte de ella en el carril para bicicletas del canal de Erie. Pasamos la mayor parte de las noches acampando, y comimos la mayoría de nuestras comidas a la orilla de la carretera. Está bien, disfrutamos de algunos estupendos desayunos en algunos restaurantes americanos clásicos, y la noche que nos hospedamos en un hotel antes de una lluvia torrencial fue una decisión inteligente. Pero, cuando se está montando una bicicleta cargado con 40 libras de ropa y equipamiento para acampar, su mente se centra en lo fundamental. ¿Cuándo vamos a comer otra vez?, ¿dónde vamos a dormir esta noche?, y ¿habrá una ducha?

Fue un verano sofocante en 2015, y aunque me había entrenado bien para el viaje, creo que no calculé el precio que pagaría mi cuerpo. Para cuando las colinas –sí, colinas– al este de Cleveland estaban sobre nosotros, y yo sufría de calambres a causa de la deshidratación, supe que me había tropezado con la horma de mis zapatos. Pero nos detuvimos en Cleveland Heights, encontramos nuestro lugar de destino, y me desplomé. Ese viaje fue una de las cosas más difíciles que había hecho en muchos años.

Y, sin embargo, de alguna manera, en mi agotamiento, estaba encontrando también un gran gozo.

Sea cual sea el desafío que tengamos por delante, la verdad es que va a ser difícil. Si el desafío fuera fácil, entonces todo el mundo lo haría. Todo el mundo fuera un novelista más vendido, una bailarina profesional, o un maestro carpintero. Tal vez hay algo en la naturaleza misma de enfrentar el desafío, y descubrir así el valor. Estoy sugiriendo que aceptar el desafío es un acto de espiritualidad cotidiana.

Aquí está una lista de sugerencias de retos; elija uno y hágalo. Usted estará en buena compañía con los santos del desafío, y descubrirá el valor de aceptarlos.

- Aprender a nadar
- Dar una caminata por los Apalaches
- Aprender a tocar un instrumento musical
- Escribir un libro
- Aprender carpintería
- Convertirse en un alfarero
- Convertirse en un entrenador de deporte
- Construir un barco
- Leer las obras completas de Shakespeare
- Visitar todos los estadios de béisbol en los Estados Unidos
- Viajar a un país extranjero
- Estudiar un idioma extranjero
- Asistir a una escuela de cocina
- Reconstruir una moto o un coche viejo
- Construir un cobertizo
- Tomar una clase de actuación o de comedia
- Escribir algo de poesía
- Hacer paracaidismo con un amigo

Si la vida empieza al final de nuestra zona de confort, como le dije a aquellos estudiantes y profesores de la Universidad de Yale, entonces tal vez la espiritualidad cotidiana también comienza al final de nuestra zona de confort.

Ciertamente, los presentes en la capilla de Yale me recordaron esto cuando, tras el servicio, uno de ellos me dijo: "Estoy tratando de averiguar exactamente cuán incómodo quiero realmente estar en esta vida. Gracias. Usted me inspiró valor hoy".

capítulo veintidós Rendirse

"Cuando finalmente desistí de tratar de cambiar la vida de mi hijo joven adulto, y él caminó solo desde mi coche hacia un centro de rehabilitación .... no pude transitar ese camino con él, pero sabía que había alguien más a su lado".

No me imagino la convicción de un padre o una madre en tal momento.

Durante años, Laurie y su esposo habían tenido problemas con su hijo adolescente. Era un chico cariñoso y simpático, dotado de encanto, inteligencia y resistencia física, pero con el tiempo se volvió indiferente. Su apatía por la escuela, las amistades y el trabajo frustraron a todos a su alrededor. Al tratar de diagnosticar la raíz del problema, Laurie finalmente se dio cuenta de que era el alcohol. El proceso para dejarlo en el centro de rehabilitación fue largo, doloroso y lleno de momentos de peligro físico.

Años más tarde, después de que su hijo había sufrido una recaída y se había ido para recibir tratamiento una segunda vez, Laurie habló con él una mañana. Su hijo había estado sobrio desde hacía varios años. Ella le preguntó: "¿Qué podríamos haber hecho?

¿Hay algo que tu padre y yo podríamos haber hecho para haberte ayudado antes?" Su respuesta la dejó estupefacta. "Hacer menos."

Todas las madrugadas, todos los intentos de ayudar, todas las visitas a la escuela, los hospitales y las estaciones de policía –todo para nada. ¿Hacer menos?

Le pregunté a Laurie lo que había aprendido de esa experiencia. "En cierto grado, uno tiene que darse cuenta de que algo más grande está involucrado. Tenía que rendirme a ello".

El acto de dejar ir, de ceder el control, es a la vez aterrador y liberador. Nuestra función como padres es criar a nuestros hijos, sólo para ayudarles a que nos dejen y asuman la responsabilidad de sus propias vidas.

Todavía no estamos al final de este libro, pero es posible que hayamos llegado al capítulo más desafiante. A nosotros, los seres humanos, nos encanta el control, y cuando no lo tenemos, o cuando tenemos la sensación de que lo estamos perdiendo, luchamos para recuperarlo. Esto se cumple en los padres de niños pequeños y en los adultos mayores, al darse cuenta que están perdiendo el control de sus cuerpos y mentes.

La narración bíblica por excelencia sobre el acto de rendirse es la de Jonás, que era probablemente más bien un cuento para niños en su narración original, con una ballena vomitando y todo. Pero no deje pasar por alto esta historia infantil. Es uno de los libros más profundos de la Biblia.

La historia de Jonás comienza con una orden clara de Dios a dirigirse directamente a la malvada ciudad de Nínive, sin pasar por la casilla de Salida, ni recibir los $200. La reacción de Jonás fue abordar un barco que iba en dirección opuesta a Tarsis, una versión antigua de Las Vegas. Tarsis era una ciudad portuaria exótica, aventurera y deslumbrante. Se describe en otras partes de la Biblia como una ciudad repleta de oro, plata, marfil, monos y pavos reales. En contraste, Nínive era una ciudad antigua con capas y capas de historia trágica. ¿Quién no hubiese querido dirigirse al mar y tomar un crucero a Tarsis?

Esta conocida historia narra el viaje heroico de Jonás, quien rechaza el llamado de Dios a favor de una oportunidad preferida. En el camino, es sorprendido por una tormenta, lo lanzan por la borda, y un gran pez se lo traga. Una vez dentro del vientre de la ballena, Jonás entra en razón, y después que el pez lo vomita, se dirige a Nínive.

Como muchos de nosotros, Jonás quiere controlar su vida, encontrar la manifestación de placer más reciente, y perseguir la satisfacción inmediata. La fuente de todo lo que es sabio, vivificador y renovador, es decir, Dios, tiene otras ideas. Jonás es llamado a servir a un bien mayor, y es retado a enfrentar sus temores.

La segunda mitad del libro de Jonás no es tan conocida, pero refleja nuestra propia necesidad persistente de imponer nuestras ideas. Después de culminar su llamado a predicar en Nínive, y asegurarse de que el pueblo se arrepintiera y diera un giro a sus vidas, Jonás se indigna de que Dios le otorga gracia y perdón a Nínive. Jonás procede a tener una rabieta. Él está enojado al ver que sus peores temores han sido confirmados, es decir, que Dios es en verdad pura gracia y misericordia. La inhabilidad de Jonás de ver y entender la capacidad del corazón de Dios, provocó que no fuera capaz de abandonar sus expectativas por el resultado final.

¿Cuántas veces revivimos esa antigua historia en nuestras propias vidas? Ajustamos nuestras vidas a una trayectoria ideal. Estamos seguros al comenzar una nueva carrera, formar una familia o comenzar un proyecto. En poco tiempo, nuestros planes son transformados por otras personas, circunstancias o nuevas cosas que aprendemos. Descubrimos que nuestro plan no se está llevando a cabo como lo habíamos planificado.

El momento de la interrupción llega, y después de un período de angustia que puede durar de cinco minutos a cinco años, nos enfrentamos a una decisión. La nueva ruta es inesperada, pero en el proceso, a menudo aprendemos nuevas cosas acerca de nosotros mismos.

Hace muchos años, un sabio mentor me dijo: "Cuando entramos en nuestros treintas, descubrimos tres cosas acerca de la vida. La primera es que nos parecemos mucho más a nuestros padres de lo que quisiéramos admitir. La segunda es que la vida no es justa. La tercera es que tenemos un alma y el llamado de nuestra vida se ocupa de ella." En otras palabras, cada uno de nosotros vivirá la historia de Jonás una y otra vez; y aprender a rendirse a ese poder superior nos será muy útil a largo plazo.

Criado en un hogar de clase trabajadora en la sección irlandesa católica de Bridgeport, Connecticut, Pat era un candidato poco probable a ser un santo. Sin embargo, un cura de su parroquia se propuso incorporarlo a la vida de la congregación. Un peleador callejero y un bocón, como él mismo admite, Pat necesitaba una atención especial. A través de los años se convirtió en un defensor de los pobres y marginados en las cercanías de New Haven, finalmente trabajando como organizador comunitario.

Uno de los principios centrales de la organización comunitaria es un proceso de escuchar intencionalmente las preocupaciones de las personas que usted está organizando. Puede que usted como organizador tenga una pasión porque haya viviendas asequibles, pero la gente en el vecindario pudiera tener diferentes prioridades. Eso es lo que le sucedió a Pat. Tuvo que aprender a rendirse al principio de escuchar a la gente.

En uno de sus primeros proyectos en New Haven, se encontró con un grupo de madres preocupadas por la vida en la parte de la ciudad donde vivían. Poniendo en práctica los principios fundamentales de la organización, Pat escuchó. A través de

Rendirse

una serie de sesiones en las cuales las escuchó personalmente, descubrió que la preocupación primordial de los padres era una tienda de licores ubicada frente a una escuela primaria. Se quejaban del acoso que sufrían sus hijos por partes de clientes ebrios que estaban en las aceras, y que vociferaban a los niños que caminaban de regreso a casa después de clases.

"Determinamos que nuestra primera tarea era cerrar esa tienda de licores. Y tengo que decir, como irlandés, que estaba un poco en conflicto con ese proyecto", explicó Pat con un irónico sentido del humor.

Su conflicto era más profundo que un dilema sobre tiendas de licores. Pat deseaba marcar una diferencia en las vidas de las personas. "Abordemos los problemas de vivienda, o la falta de atención médica asequible, o incluso leyes de zonificación que aborden la falta de una tienda de comestibles decente en el barrio. Yo no estaba muy emocionado sobre el cierre de una tienda de licores".

Sin embargo, la organización comunitaria no se trata de hacer lo que uno quiere hacer; se trata de encontrar el punto sensible en la comunidad. En otras palabras, se trata de rendir el control.

Al final, el grupo de madres cerró con éxito aquella tienda de licores –y también consiguió que se modificaran las leyes de zonificación para evitar que en el futuro se abrieran tiendas de licores cerca de las escuelas. Ahora, si cualquier empresa quiere entrar y buscar una exención, se les dice: "Bueno, se puede tratar, pero deben saber que en su primera audiencia ante la junta de zonificación, van a tener que lidiar con un centenar de personas del barrio, todos estos grupos comunitarios e iglesias locales que van a hacerles la vida imposible".

Con el tiempo, Pat pasó a trabajar en otros asuntos en New Haven, incluyendo viviendas asequibles. Pero tuvo que rendir el control para permitir que el Espíritu hiciera su trabajo en él y con la gente que estaba organizando.

Nos encasillamos con los resultados. Tenemos ideas de cómo queremos que algo se desarrolle. Este encasillamiento puede variar, desde organizar una fiesta en nuestra casa hasta aferrarnos a una visión clara de cómo nuestras vidas deben desarrollarse. La realidad de una nueva imaginación para rendirnos y permitir que la gente elija sus proyectos –o permitir que un hijo arregle su vida a través de la rehabilitación– es la capacidad de una nueva visión de la gracia y la misericordia. Si, es realmente difícil cuando nos enfrentamos a la tentación de controlar el resultado.

> *No temas porque yo estoy contigo; no desmayes, porque yo soy tu Dios que te esfuerzo; siempre te ayudaré, siempre te sustentaré con la diestra de mi justicia.* (Isaías 41:10)

Con frecuencia, lo que experimentamos al rendirnos, es la evidencia de las formas cotidianas en que estamos participando de una vida de espiritualidad.

capítulo veintitrés
Contradecir

"¡Buenos días, santos!"
"¡Buenos días, pecadores!"

La mayoría de los domingos, así es como comienzo mis sermones. Aprendo bastante de la congregación presente por la manera en que responden. ¿Son más entusiastas con un saludo que con el otro? ¿Se ríen? La siguiente frase que digo está tomada directamente de Leonard Sweet, el futurista y teólogo, de quien he tomado prestada esta pequeña rutina:

"Bueno, estamos todos aquí."

Si todos no están riendo a esas alturas, no hay esperanza para el resto de la mañana.

La verdad del asunto es que cada uno de nosotros es a la vez un santo y un pecador, y los dos se entretejen profundamente dentro de nuestro núcleo humano. Puedo ser una de las personas más encantadoras, agradables y atractivas; también puedo ser molesto, egocéntrico y engañoso. ¿Quiere saber algo que es una locura? A veces, cuando intento ser encantador es porque estoy tratando de engañar.

Ahora puedo decir, a la edad de 60 años, que soy un Santo Desorden de contradicciones. Mi carácter psicológico y espiritual produce las mejores y las peores ideas. Actúo de manera incoherente, incluso cuando estoy tratando de ser la persona más coherente en la historia de la humanidad. Soy ambas cosas:

> Bueno y Malo
> Inteligente y Estúpido
> Sabio e Ingenuo
> Confiado e Inseguro
> Cortés y torpe

¿Se identifica con eso?

Al entrar en la segunda mitad, o tal vez el último tercio de mi vida, sólo tengo esperanza de que la psicóloga suiza, Marie-Louise Von Franz, tenga razón:

> "Si podemos contener la tensión de
> los opuestos durante suficiente
> tiempo –sostenerla, ser fieles a ella–
> a veces podremos convertirnos en
> vasijas dentro de las cuales los
> opuestos divinos se unen y dan a luz
> a una nueva realidad."[29]

En nuestra vida diaria, nos encontramos con personas que son un manojo de contradicciones. Una frase común que escucho es que fulano de tal es una maldición y una bendición. Sí, en efecto, ¿no lo somos todos?

Samuel me escribió acerca de su abuela, quien lo crió. La madre de Samuel murió cuando él tenía sólo cinco años de edad, y nunca conoció a su padre. Cuando estaba en el kínder, fue a vivir con sus abuelos.

Por su propia cuenta, Samuel siempre ha estado agradecido por ellos: "Me dieron refugio, ropa, una educación y una oportunidad en la vida. Creo que me querían, pero nunca me lo dijeron".

Dando tumbos durante la adolescencia, Samuel se enlistó en las fuerzas armadas, sirvió en la Marina y luego regresó a casa para estudiar un poco con la ayuda de la ley G.I. Su abuelo murió cuando él estaba sirviendo en el extranjero. Samuel finalmente comenzó su propio negocio, conoció a un hombre a quien amaba, y se casó una vez que se convirtió en una opción en su estado.

"Mi abuela no entendía mi sexualidad. Creo que nunca esperé que la entendiera, ya que era parte de una generación que tenía una perspectiva diferente. Pero, con casi 90 años de edad, frágil y en una silla de ruedas, vino a nuestra boda. Recuerdo haberla visto durante la ceremonia en la primera fila y preguntarme qué podría estar pensando".

Samuel nunca supo lo que ella pensaba. Nunca la escuchó decir las palabras amor, o fe, o Jesús. Nunca detectó un toque de mucha emoción en ella.

Hasta el día de hoy, ella es un misterio, y él se pregunta por qué ella estuvo de acuerdo en adoptarlo después de la muerte de su madre. "Nunca sabré lo que pensaba, o creía, o sentía. Pero sí sé lo que hizo. Creo que en este momento de mi vida son sus acciones las que hablan más fuerte. Ella me adoptó. Ella me alimentó, me vistió y me dio albergue. E incluso cuando parecía que no aprobaba lo que yo hacía, estuvo presente de todos modos".

Samuel concluyó su historia con esta idea: "No puedo entender a los seres humanos; parece que somos como una mezcla de Dios y el diablo. Somos demasiado complejos para yo entenderlo. Así que, la mayoría de las veces *no* lo entiendo. Usted pidió historias sobre la espiritualidad cotidiana. No estoy seguro de que esto es lo que quería. Diablos, ni siquiera sé lo que es la espiritualidad, pero esta extraña historia mía es todo lo que tengo".

No es algo muy conocido, pero la fe cristiana tiene una larga historia de articular una comprensión de "ambos / y" de la identidad humana. El error es que miramos a las personas como que son, o no son. Pero este no es el caso. En su lugar, reconocemos la complejidad de lo que significa ser un ser humano. Obtenemos esta perspectiva al mirar a Jesús, el Cristo, que es también una mezcla de "ambos / y":

> humano, mas divino,
> celestial, mas terrenal,
> físico, mas espiritual,
> lo mataron, mas vive,
> sin poder, mas poderoso,
> víctima, mas vencedor,
> fracaso, mas redentor,
> marginado, mas primordial,
> singular, mas todo el mundo,
> encarnado, mas cósmico,
> clavado, mas liberado.[30]

Estos recordatorios de paradojas provienen del sacerdote franciscano Richard Rohr, que se complace en señalar la rica historia del pensamiento no dualista de ambos / y que él está redescubriendo en la fe cristiana.[31]

Entre los verdaderos tesoros de la teología que Martín Lutero nos legó, está su psicología de los seres humanos. Lutero entiende que los seres humanos son, al mismo tiempo, santos y pecadores:

> *simul justus et peccator*, que es todo el latín que conozco. (A mi corrector ortográfico no le gusta mi intento de escribir en latín, y la ruedita de colores del auto corrector está girando, tratando de identificar esta frase.) La idea que hemos estado articulando es que los seres humanos son a la vez santos y pecadores, no 50/50, sino 100/100. Tejidos a través de cada célula de nuestro ser están los ángeles y los demonios, la belleza y el horror, el perdonado

y el quebrantado. Esas fuerzas están unidas. La gran paradoja de la existencia humana es que somos realmente toda bendición y toda maldición, y todo al mismo tiempo.

Para Lutero, un santo no era una persona santa que era apartada y venerada –aunque, ¿quién puede poner en duda algunos de los grandes santos de la historia, como Santa Teresa o San Francisco? Pero incluso una lectura superficial de sus biografías revela actividades menos tradicionalmente santas. No, para Lutero un santo es un pecador perdonado. Lutero conocía la profundidad de la depravación humana. Él fue capaz de desarrollar escritos inteligentes y profundos sobre las escrituras, pero también era vulgar y crudo.

Lutero mostraba signos de lo que hoy se podrían diagnosticar como formas de depresión, y su viciosa crueldad hacia el pueblo judío era horrenda. Él era un hombre complejo, lleno de contradicciones. Su don de comprensión paradójica de la conducta humana es necesario en estos tiempos, más que nunca antes.

En los últimos años, hemos visto una creciente división en la sociedad americana; no sólo económica, sino también una división de ideas. En lugar de valorar el intercambio de ideas, despreciamos no sólo los puntos de vista que son diferentes a los nuestros, sino también a las personas que los sostienen.

En marzo de 2015, Jonathan Haidt y Greg Lukianoff escribieron un artículo para la revista *The Atlantic,* y posteriormente publicaron un libro sobre el mismo tema que ha sido impreso en español como: "La Transformación de la Mente Moderna." La controversia subsiguiente se enfocó en los cambios que están ocurriendo en la cultura americana en general, y en el mundo académico en particular. Gran parte de la atención estuvo centrada en torno a una nueva forma de proteccionismo que hace hincapié en la preocupación por el bienestar emocional de los estudiantes, a expensas de una educación universitaria tradicional que anima a los jóvenes a explorar y pensar en nuevas ideas. Mi preocupación, sin embargo, se centró en cómo nos estamos distanciando de simplemente no estar de acuerdo con las ideas de otros, para empezar a creer que las personas que tienen puntos de vista diferentes a los nuestros, son malas. Este movimiento hacia demonizar a los demás tiene ramificaciones significativas y nefastas para nuestra sociedad. Se corre el riesgo de volverse en contra de los demás seres humanos. Una sociedad civil requiere que las demás personas sean valoradas, incluso si no estamos de acuerdo con sus ideas o posiciones.

¿Por qué no puede alguien tener diferentes puntos de vista que los míos y aún ser valorado como un ser humano?

Como usted ha leído en este libro, siento un gran respeto por muchas de las religiones y filosofías del mundo. Sí, es cierto que de vez en cuando me encuentro con conceptos o enseñanzas que no puedo compartir. Pero eso no significa que tenga menos respeto por la enseñanza o las personas que abrazan esa forma de vida. Mientras que algunos pudieran cuestionar cómo se puede ser un seguidor de Cristo, como yo, y a la vez un admirador de Buda, Marco Aurelio o Carl Jung, mi respuesta es simplemente: "Estoy soportando la tensión, viviendo en un mundo de ambos / y, abrazando mis contradicciones".

Mientras escribo este capítulo, mi esposa está mirando el filme de 1994, *Forrest Gump*, protagonizado por Tom Hanks, Robin Wright y Gary Sinise. ¿Habrá una película mejor que esa para capturar la esencia de ambos / y? Cada personaje es una mezcla complicada de santos y pecadores. Mientras que esta película muestra la belleza y el poder de la bondad pura, encarnada en Forrest Gump, también reconoce el mal en el mundo. Lo vemos en el abuso que Jenny (Robin Wright) sufre cuando niña, y el impacto que tuvo a largo plazo, y en la devastadora lesión del teniente Dan Taylor en la guerra de Vietnam, interpretado por Gary Sinise, que casi destruye su vida.

En una crítica escena, tras el intento fallido de Forrest y Dan por pescar camarones, Forrest intenta invocar una intervención de Dios para que haya abundancia de camarones. A medida que la esperanza por una cosecha de camarones desparece, el teniente Dan le dice a Forrest: "¿Dónde diablos está ese Dios tuyo?" Entonces Gump, haciendo de narrador, continúa: "Es gracioso que el teniente Dan dijo eso, porque en ese mismo momento, se apareció Dios." Cuando el huracán llega, el teniente Dan está encaramado en lo alto del mástil principal, gritándole a Dios, desafiando a Dios a que empeorara la tormenta.

A medida que la película avanza, cada personaje experimenta una redención de sus maltrechos personajes, pero sin abandonar su quebrantada condición. La tensión de los opuestos continúa. La película concluye con numerosas tragedias y alegrías: la madre de Forrest ha muerto, y Jenny, el amor de su vida, ha sucumbido a una enfermedad. Forrest está parado junto a su tumba, cerca de su casa, hablando con ella y con el público, y articula las dos filosofías de la vida que ha escuchado durante toda su vida: la opinión de su madre de que todos tenemos un destino o propósito, y la del teniente Dan de que todos somos un accidente. Forrest luego concluye: "No sé si tenemos un destino o si todos somos un accidente en la brisa. Pero creo que tal vez sea ambos".

Es una escena hermosa, porque es auténtica y honesta. Forrest Gump articula lo que muchos de nosotros hemos cuestionado durante la mayor parte de nuestras vidas. Otro escritor, hace mucho tiempo, presenta la aparente contradicción de la vida de esta manera:

"Cristo es la imagen visible del Dios invisible. Él ya existía antes de que las cosas fueran creadas y es supremo sobre toda la creación porque, por medio de él, Dios creó todo lo que existe en los lugares celestiales y en la tierra. Hizo las cosas que podemos ver y las que no podemos ver, tales como tronos, reinos, gobernantes y autoridades del mundo invisible. Todo fue creado por medio de él y

para él. Él ya existía antes de todas las cosas y mantiene unida toda la creación. Cristo también es la cabeza de la iglesia, la cual es su cuerpo. Él es el principio, supremo sobre todos los que se levantan de los Muertos. Así que él es el primero en todo. Pues a Dios, en toda su plenitud, le agradó vivir en Cristo, y por medio de él, Dios reconcilió consigo todas las cosas. Hizo la paz con todo lo que existe en el cielo y en la tierra, por medio de la sangre de Cristo en la cruz." (Col. 1:15-20, NTV)

En su comentario sobre este pasaje, Eugene Peterson dice: "Eso es lo que Cristo está haciendo con el caos del mundo. Y eso es lo que está haciendo con el caos del mundo más pequeño de nuestras vidas. Ensamblando nuestras vidas. Y haciéndolas una sola pieza".

La espiritualidad cotidiana se vive en la tensión de los opuestos. No somos solamente santos, pero no somos únicamente pecadores tampoco. Somos ambas cosas. Mientras camino por la calle, voy a trabajar, conduzco mi coche, estoy viviendo este Santo Desastre de Contradicciones. Esa es la esencia de la espiritualidad cotidiana.

capítulo veinticuatro
Discrepar

Dos meses antes de la infame caída de la bolsa en octubre de 1987, conocida como el Lunes Negro, había comenzado mi ministerio en una congregación en Brooklyn, Nueva York. El conflicto del que fui testigo durante seis años en esa iglesia surgió de las profundidades de la ansiedad provocada por ese suceso. Catorce años más tarde, vi un impacto similar en la gente después de los acontecimientos del 11 de septiembre de 2001.

Hoy en día, la convulsión después de las elecciones presidenciales de 2016 ha tenido el mismo efecto. Estos momentos de angustia social, nerviosismo y ansiedad, a menudo crean un ambiente óptimo para el conflicto y los desacuerdos.

En momentos donde se intensifica la ansiedad, pareciera que la tensión se convirtiera en parte natural de nuestras relaciones.

Todos conocemos el conflicto, aunque a veces nos gusta llamarlo de otra manera, como desacuerdos, disputas o la apacible frase "es que vemos las cosas de manera diferente." Sea como le llamemos, la realidad es que la vida sin conflictos no es posible. En el capítulo sobre Confiar, conté sobre una pareja que celebraba su 50 aniversario de bodas. Habían llegado a 50 años a pesar de sus diferencias. Ya sea que se trate de una pequeña discusión sobre donde debe ponerse el plato de la mantequilla, o que se viole significativamente la confianza en cuanto a las finanzas, la intimidad o la mejor manera de criar a los hijos, nuestras relaciones están cargadas de conflictos. Eso se cumple en nuestros hogares, nuestros centros de trabajo y nuestras iglesias.

La cantautora Joni Mitchell comentó una vez sobre este tema en una entrevista en 1989.[33] "Los conflictos que presencié en el patio de recreo fueron los mismos que luego se manifestaron en matrimonios, salas de juntas corporativas y asuntos internacionales." La mayoría de nosotros reconoce la veracidad de esa afirmación. ¿Hay alguna diferencia entre las discusiones que tienen los niños de nueve años de edad mientras juegan un partido de baloncesto y los conflictos que vemos en los pasillos del Congreso? Tal vez lo que está en juego sea más importante en el Congreso.

Los seres humanos tienen conflictos, desacuerdos y discusiones unos con otros todo el tiempo. El conflicto es una parte inevitable de la naturaleza humana, y es también parte de la espiritualidad cotidiana. ¿Por qué? Tal vez sea una vía para un crecimiento más significativo, como personas que nos encontramos en camino hacia la madurez espiritual.

Prestemos atención al conflicto desde dos puntos de vista: En primer lugar, vamos a explorar los conflictos externos, esos desacuerdos y debates que tenemos en el patio de recreo y en el salón de juntas de las oficinas. Después, vamos a ver nuestros conflictos internos, aquellas luchas que experimentamos en nuestros corazones y mentes.

Una de las más sorprendentes experiencias que muchas personas tienen cuando se unen a una junta escolar, a una iglesia o a una organización juvenil de béisbol, es la rapidez con la que deben lidiar con las diferencias. Estos enredos revelan uno de los grandes retos para los seres humanos. Fred respondió a mi solicitud de historias sobre espiritualidad cotidiana con un correo electrónico de una escueta línea: *No sé cómo, pero Dios está conmigo en mi horrible trabajo*. Esa correspondencia me llamó la atención, por lo que le escribí preguntándole si podíamos hablar.

Fred, quien me pidió que cambiara su nombre y no compartiera los detalles de su empleador, se enfrentó al reto de honrar su propio código interno. Él es un hombre de principios. En su capacidad de supervisor de una empresa privada, había empezado a notar una serie de defectos en la línea de productos más lucrativos.

Después de una profunda investigación, Fred se dio cuenta que el problema estaba en una parte de la empresa que se surtía de otro fabricante. Fred informó del problema y en poco tiempo había sido corregido por la otra compañía. Sin embargo, Fred sabía que había miles de productos defectuosos que ya estaban en el mercado. Estaba preocupado por la seguridad pública, y por proteger la impecable reputación de la empresa. Sin embargo, cuando llevó sus preocupaciones a la dirección superior, le hicieron resistencia. Retrasos y más retrasos en responder sus indagaciones le hicieron llegar a la conclusión de que no se iban a ocupar de los productos defectuosos que ya estaban en el mercado.

Durante meses Fred agonizó sobre qué hacer, hasta que ya no pudo vivir más con aquella lucha. Así que le escribió un memorándum al presidente de la compañía. Él decidió ir por encima de sus supervisores inmediatos. Aunque el presidente de la compañía le agradeció a Fred y nombró a varias personas para que abordaran el problema, eso no significaba que el conflicto de Fred con sus supervisores había desaparecido. De hecho, el conflicto se intensificó, y Fred experimentó una serie de medidas punitivas. Nunca le ofrecían horas extras, su sueldo se congeló, y comenzó a recibir críticas negativas de su trabajo por primera vez en la vida.

Cuando hablamos, le pregunté acerca de sus planes para el futuro. "He experimentado la tensión a un nivel que no sabía que existía, pero sé que hice lo correcto. Sí, estoy buscando otro trabajo, pero será un reto, porque sé que mi supervisor no me dará una buena recomendación, y otras empresas podrían percibir que soy una persona problemática. No soy problemático. Quiero lo mejor para nuestros clientes y el público en general. Esta ha sido la experiencia más difícil de mi vida, pero de alguna manera, sé que Dios está conmigo. Eso me sostiene".

¿Cómo debemos abordar nuestras diferencias con otras personas? Jesús habló de esto en Mateo 18. Sospecho que esta enseñanza surgió de su experiencia personal:

> *"Por tanto, si tu hermano peca contra ti, ve y repréndele estando tú y él solos; si te oyere, has ganado a tu hermano. Mas si no te oyere, toma aún contigo a uno o dos, para que en boca de dos o tres testigos conste toda palabra. Si no los oyere a ellos, dilo a la iglesia; y si no oyere a la iglesia, tenle por gentil y publicano. De cierto os digo que todo lo que atéis en la tierra, será atado en el cielo; y todo lo que desatéis en la tierra, será desatado en el cielo. Otra vez os digo, que si dos de vosotros se pusieren de acuerdo en la tierra acerca de cualquiera cosa que pidieren, les será hecho por mi Padre que está en los cielos. Porque donde están dos o tres congregados en mi nombre, allí estoy yo en medio de ellos."* (Mateo 18:15-20)

La conexión con la espiritualidad cotidiana está ahí en esa última oración. Mi traducción de este pasaje: Porque donde están dos o tres congregados, habrá conflictos, y Jesús estará allí en medio de esos conflictos. Yo, Jesús, voy a estar allí tratando de resolver los conflictos, proporcionando una resolución responsable. Pero, incluso si no se resuelven del todo, y no todo salga a pedir de boca, eso no significa que yo no estoy presente.

Nuestro patrón típico para tratar con los conflictos –y esto se cumple en la iglesia, en el patio de recreo y en la oficina– es invertir el orden de las instrucciones en el Evangelio de Mateo.

Tenemos un desacuerdo con alguien, ¿y qué es lo primero que hacemos? Vamos y le contamos el problema a todo el mundo. Eso se llama chisme, y todos participamos de él. ¿Por qué hacemos esto? Porque le estamos dando vuelta a la historia para lucir bien nosotros.

El verdadero camino para tratar con el conflicto es *enfrentarlo*, y no *huir* de él. Eso significa ir a la persona con la que tenemos diferencias y decirle: "Vamos a hablar." Pero antes de hacer eso, creo que hay otro paso que debemos tomar. En mi caso, cuando estoy en desacuerdo con alguien, tengo que averiguar qué está pasando dentro de mí. ¿Por qué estoy enojado? ¿Que pasó? ¿Cómo experimenté los sucesos que dieron lugar al conflicto? Una vez que tengo un poco de claridad –tal vez no perfecta claridad, pero la suficiente– entonces estoy listo para ir a la persona infractora y hablar.

En lo que a mí respecta, he descubierto que la mejor manera es comenzar con estas palabras: "Frank, sé que tuvimos diferentes opiniones sobre el asunto que mencionaste en la reunión de personal la semana pasada. Quiero que lo solucionemos. ¿Podríamos hablar?"

La razón por la que usted quiere preguntar "¿podríamos hablar?", es para permitir que la otra persona tenga una opción. La mayoría de la gente va a decir que sí, pero usted debe darles una opción. Pudieran decir: "No, no quiero hablar" o "necesito tiempo". Al preguntarles si desean hablar, usted les otorga poder. Si dicen que sí, será más probable que acepten lo que usted les dirá en su conversación.

Cuando se reúna con la otra persona, me gusta utilizar esta frase para comenzar, la cual aprendí de la autora Brené Brown: "Cuando estábamos discutiendo tal y tal asunto, esto es lo que escuché, y así es como lo interpreté; es así como lo recuerdo en mi mente." Al describir los hechos cómo usted entiende que sucedieron y de la manera que los recuerda en su mente, provocará que la otra persona baje la guardia. Usted está describiendo cómo se sintió y lo qué escuchó. Esa estrategia contribuirá a que la otra persona le escuche.

El siguiente paso es escuchar a la otra persona. Necesita una oportunidad para responder. Lo ideal sería que haya captado la idea de lo que usted está diciendo sobre el desacuerdo. Dirá lo que escuchó, pensó y sintió. En mi experiencia, el 90 por ciento de nuestras diferencias pueden ser resueltas a ese nivel.

Esa es una tarea difícil. Cualquiera que haya tenido que resolver las diferencias en su trabajo, su matrimonio, o con su vecino, sabe muy bien que esto puede ser emocional e intelectualmente agotador. Sin embargo, si usted ha pasado por el proceso, también sabe que no es otra cosa que un momento Santo. El poder de la reconciliación no se compara a ninguna otra cosa. ¿Es eso espiritualidad cotidiana? Por supuesto que lo es. Espero que no tenga que completar esta tarea todos los días, sino sólo cada cierto tiempo.

Veamos ahora al aspecto interior del conflicto.

Quisiera que pensara en una persona de su mismo sexo que a usted no le agrada. No se preocupe, todos tenemos esas personas en nuestras vidas. ¿Quién lo saca de quicio? ¿Quién lo irrita demasiado con sus palabras y actitudes? Si usted es una mujer, piense en una mujer que la vuelva loca. Si usted es un hombre, piense en un tipo al que usted deseara darle un puñetazo en la nariz —o por lo menos que se desaparezca de su vida. ¿Tiene a alguien en mente?

Ahora tome un momento y escriba unas cuantas palabras que describan cómo se siente, o lo que piensa de esa persona. Si lo desea, puede escribir oraciones. No, lo digo en serio. Deje de leer y hágalo en este momento. Es importante.

Voy a confiar en que usted tomó un poco de tiempo para hacer este ejercicio.

¿Está pensando en esa persona? ¿Escribió algunas palabras que la describen? Bueno, aquí está la verdad oculta de este ejercicio. Esa persona es usted.

Voy a hacer una pausa por un momento para permitirle asimilar el *shock*. La primera vez que participé en este pequeño ejercicio, no solo me sorprendí, sino también me enojé. Mi profesora de Psicología de la Religión, la Dra. Ann Ulanov, nos guio en este ejercicio como una forma de presentar el tema de la sombra humana –la idea de que cada uno de nosotros tiene dentro de sí un inconsciente lado oscuro o sombrío de nuestra personalidad.

Protesté: *¿Qué?* Pensé dentro de mí: *Eso es ridículo. Este tipo es un verdadero imbécil. Yo ni le permitiría entrar en mi apartamento.* El hombre en el que estaba pensando tenía cualidades que aborrezco. Era duro, estricto, y crítico. Ese no soy yo. Soy amable e indulgente. Me ha tomado décadas para darme cuenta de que tengo ambos tipos de cualidades en mí, y me ha beneficiado integrarlas.

El concepto de la sombra tiene sus raíces en las narraciones religiosas, la literatura antigua y las filosofías de todo el mundo. Lo vemos en las obras de Shakespeare y las novelas de Stephen King. El psiquiatra Carl Jung expresó su entendimiento de la sombra humana como la parte de nosotros que no somos capaces de conocer o ver. No la vemos porque es inconsciente. Sin embargo, podemos vislumbrarla en los sueños, comportamientos inesperados, y tal vez un poco en el ejercicio que acabo de describir.

Pocos años después de haber realizado este ejercicio, conocí a un señor que tenía un parecido con el hombre en el que había pensado en la clase de la Dra. Ulanov. Luego, más de una década más tarde, mientras servía en una congregación a cientos de kilómetros de distancia, conocí a un tercer hombre que tenía las mismas características. ¡Por Dios! Este tipo sigue apareciéndose en mi vida. Aunque su apariencia física cambia ligeramente a través de los años, sigue teniendo ciertas cualidades. Sigo encontrándome con el mismo hombre en mi vida. Es como si me estuviera siguiendo. Él me está siguiendo porque él soy yo.

Treinta años más tarde, después de experimentar el matrimonio, la paternidad, la vida e incontables horas de terapia, me he dado cuenta de la verdad. Soy ese hombre con todas esas características. También soy atento, amable e indulgente, pero hay una parte de mi vida interior que es dura y rígida. Estoy pasando la segunda mitad de mi vida restaurando una sensación de plenitud. Mis años de juventud me los pasé edificando mi ego, en búsqueda de aprobación y realización. Estos últimos años y, me atrevería a decir, el resto de mi vida, serán para descubrir aspectos de mi sombra y hacer un trabajo exhaustivo de integrarlos, aprender de ellos, y sanarlos.

Todos tenemos un conflicto, y es la confusión de la identidad humana. Ninguna persona está exenta. Espero que usted experimente una sensación de alivio al leer estas palabras. Sí, usted también tiene una sombra. Tiene partes y aspectos de su personalidad que se esconden de usted, y que pueden ser difíciles de aceptar. En una ocasión, una miembro de la congregación me reveló las palabras que describen su sombra: indecisa, confundida, despistada.

Se desempeñaba como directora ejecutiva de una organización sin fines de lucro. Su reputación entre sus compañeros de trabajo y sus colegas era de una persona de decisiones directas y siempre pronta a expresar una evaluación honesta. Su confesión reveló una cualidad interior a la que nunca le había prestado atención, pero, con esta nueva perspectiva, estaba siendo capaz de gradualmente mostrar más compasión por la gente en su organización. Con los años, aprendió a sentarse y escuchar a la gente, en lugar de recurrir a la práctica anterior de 'lleguemos al punto y sigamos adelante con él.' Esto poco a poco comenzó a tener un impacto positivo en las personas con las que trabajaba, que empezaron a aceptarla, y a su vez, comenzaron a verla como un ser humano, en lugar de una jefa desagradable.

El concepto de Martín Lutero de *simul justus et peccator* (somos santos y pecadores al mismo tiempo), es muy útil aquí. Escribí sobre esto en un capítulo anterior. Nosotros, los seres humanos, somos al mismo tiempo ángeles y demonios, lo que el artista M.C. Escher expresa en gran parte de su obra, en particular en una pieza titulada Ángeles y Demonios, de 1941. Este dibujo en tinta representa a los ángeles y los demonios de tal manera que es difícil saber a cuáles se está mirando, cuando en realidad los estamos mirando a ambos. Le animo a echarle un vistazo a la imagen en el sitio web de M.C. Escher.[34]

Los conflictos son parte de la vida cotidiana. Es algo que no podemos evitar, aunque a la mayoría de nosotros nos gustaría hacerlo. (Hay algunos tipos de personalidad –demasiado complejas para incluirlas en este libro– que disfrutan del conflicto. Es la energía que les da energía. En algunos casos, necesitan estar en conflicto para saber que están vivas). Pero, a la mayoría de nosotros no nos agradan los conflictos, ya sea con nuestros vecinos o con nuestra propia sombra.

No obstante, inevitablemente nos involucramos en conflictos. Tarde o temprano, usted va a tener que hablar con su hermana o hermano de quien se ha distanciado. En su libro *Born Standing Up* (Nacido de Pie), el comediante Steve Martin describe su angustiada vida como hijo de un padre celoso y emocionalmente cruel. Sin embargo, se encontró abrazando a su padre enfermo de muerte en un breve momento de reconciliación.

Inevitablemente, cada uno de nosotros involucraremos a nuestra sombra, si no de manera consciente, de manera sorpresiva. Mi espíritu duro y crítico es un desagradable compañero de lucha. Pero ¿qué otra alternativa tengo? No es posible suprimirlo, así que tal vez la mejor opción sea bailar con mi pareja oculta. Quién sabe ... podríamos aprender uno del otro.

"Donde están dos o tres congregados, allí estoy yo en medio de ellos." Sí, en efecto, Jesús está en medio del conflicto.

También vale la pena señalar que si continúa leyendo Mateo 18, el discípulo Pedro le pregunta a Jesús cuántas veces debemos perdonar a alguien que nos ofende (Mateo 18:21-23). ¿Es suficiente con siete veces? Pedro quiere cuantificar y legislar su camino por la vida. Él representa el legalista en todos nosotros, que desea un libro de reglas para la vida.

Jesús responde con una adición al libro de reglas. "No, no siete veces, sino hasta setenta veces siete." El punto es como un Zen kōan, en el que la respuesta no es la respuesta, sino más como una meditación. Mi traducción: "Sigue perdonando, Pedro. Sigue hasta que ya no puedas contar más." En otras palabras, el perdón es eterno. La gracia abunda a medida que lidiamos con los conflictos de la vida cotidiana.

capítulo veinticinco

Perder

No es hasta que estamos perdidos que empezamos a entendernos.
— Henry David Thoreau

Durante años, fui un verdadero perdedor. Perdía mis llaves, perdía mi billetera, y recientemente me parece haber perdido mi par de zapatos favorito. Los he buscado por todas partes.

En respuesta a mi solicitud de historias sobre espiritualidad cotidiana, algunas personas me enviaron historias de artículos perdidos o de personas perdidas que habían sido encontradas. Al leerlos por primera vez, esos ejemplos parecían triviales, y los descarté. Luego perdí mis zapatos favoritos. Busqué en todos los lugares habituales: mi armario, el sótano, el maletero de mi coche, el garaje, debajo de mi escritorio en casa, debajo de mi escritorio en la oficina. Incluso cuestioné a mi esposa, convencido de que tenía algo en contra de esos zapatos. *A ella nunca le gustaron. Seguro que los tiró a la basura*, me quejé conmigo mismo.

Pero la prueba del detector de mentiras que presentamos en nuestra comisaría de policía local demostró que estaba diciendo la verdad. Ella tampoco sabía donde estaban los zapatos. (Aunque todo este escenario es tentador, quiero asegurarle al lector que es todo un invento de mi imaginación.) *Esto es estúpido*, pensé para mí mismo, y finalmente abandoné la búsqueda.

La gente pierde cosas todo el tiempo, pero por lo general solo por períodos cortos. Su cartera, su bolso, su teléfono, sus llaves, dinero, una herramienta ... la lista de artículos extraviados o fuera de lugar podría seguir y seguir. La intensidad emocional y la frustración en torno a un objeto perdido puede ser suficiente para obligarnos a hacer y decir las cosas más locas, como obligar a nuestro cónyuge a someterse a un detector de mentiras por unos zapatos perdidos.

Pero, ¿qué tal perderse uno mismo? Una cosa es perder sus llaves y llegar tarde al trabajo, pero otra cosa totalmente distinta es estar en el coche, conduciendo de noche por carreteras desconocidas, sin la ayuda de un GPS, y perderse. Esa fue la historia que me envió Astrid.

> *Mi esposo y yo habíamos sido invitados a pasar el fin de semana con unos amigos. Se acababan de mudar a Vermont y vivían en una antigua granja de aproximadamente 20 acres de tierras forestales que habían renovado. Queríamos irnos lo suficiente temprano para evitar el tráfico de la hora pico de los viernes en Hartford, pero no funcionó. Era a finales de otoño, y la oscuridad rápidamente nos cubrió, especialmente en las Montañas Verdes de Vermont. Mis amigos me habían dado excelentes direcciones sobre como llegar, y además, teníamos nuestros teléfonos celulares con nosotros y planificábamos usar el GPS. Por desgracia, en la oscuridad, se hizo casi imposible leer las señales de tránsito, y como es típico en Nueva Inglaterra, a veces no había señales. Luego, a medida que nos abríamos más y más paso en las montañas, nuestros teléfonos celulares dejaron de funcionar. Supongo que AT&T no tiene una cobertura adecuada en Vermont.*
>
> *Seguimos avanzando, con la esperanza de encontrar una carretera que pudiéramos identificar. Horas*

después, patinamos y nos salimos de una carretera de grava hacia un terraplén. No nos lastimamos, solo estábamos conmovidos, y creo que mi esposo estaba avergonzado. Pero vimos una casa con las luces encendidas más adelante. Así que caminamos a lo que pensábamos era la granja de nuestros amigos. Tocamos a la puerta, y un anciano respondió. No eran nuestros amigos. Le explicamos nuestra situación; miró a la dirección que teníamos y se rio. Al parecer, estábamos a kilómetros y kilómetros de donde vivían nuestros amigos. Era demasiado tarde para hacer algo, por lo que el hombre nos invitó a pasar la noche en su casa. Llamamos a nuestros amigos desde el teléfono de su casa y les explicamos la situación. Al día siguiente, nuestros amigos vinieron a buscarnos. Un camión de remolque sacó nuestro coche de la zanja, y nos dirigimos hacia un fin de semana más corto de lo que esperábamos. Cada vez que cuento esta historia, la gente siempre me pregunta si tuve miedo en algún momento. Sinceramente, no. Eso es inusual para mí, porque soy una persona muy nerviosa. Pero, de alguna manera, incluso cuando nos salimos de la carretera o caminábamos hacia la cabaña en el bosque, tuve una inusual —al menos para mí— calma, de que Dios estaba con nosotros, y todo estaría bien. Cada vez que me pongo nerviosa por algo, a mi esposo le gusta recordarme esa ocasión donde nos perdimos y no me puse nerviosa.

Durante muchos años, los psicólogos sostuvieron la teoría de que algunas personas tienen un mejor sentido de orientación, una comprensión intuitiva de dónde están y en qué dirección está el camino a un lugar seguro. Esta teoría incluso incluía la idea de que estas personas perciben de alguna manera la dirección del norte magnético, lo que explica por qué son capaces de encontrar su camino.

Una investigación más reciente, sin embargo, se inclina hacia la teoría de que las personas que no se pierden tanto, tienden a ser mejores en rastrear su entorno. En pocas palabras, usan pistas del medio ambiente que les ayuden a mantener su rumbo. Tal vez, durante una caminata, toman cuenta de la dirección del flujo del agua, el musgo que crece en el lado norte de los árboles y la dirección de las sombras en diferentes momentos del día. En un entorno más urbano mientras conducen, podrían notar algunas tiendas en particular, los nombres de las intersecciones y la dirección del flujo del tráfico. La mayoría de los teóricos ven esto como un conocimiento adquirido a través del tiempo y de la familiaridad con el entorno de la persona.

Sin embargo, cuando sacamos a alguien de su entorno familiar, como sucedió con Astrid y su esposo, que están acostumbrados a conducir en un entorno urbano, los ponemos en carreteras rurales de montaña sin puntos de referencia, y apagamos las luces ... podemos entender por qué se perdieron.

Estar perdido es, en muchos sentidos, el primer paso en el camino hacia la madurez espiritual. Es la máxima expresión de perder el control, y tal vez eso es lo que sucede cuando estamos perdidos. Lo que hemos perdido es nuestra ilusión del control.

Hay un gran énfasis en el celo misionero del cristianismo en relación a la idea de gente que se pierde. Esta energía se ha centrado en 'salvar' a los llamados 'perdidos' a través del fervor evangelístico y la conversión. Históricamente, los cristianos han enviado misioneros a tierras lejanas en el Amazonas o partes de África, para salvar a estas personas perdidas. Creo que hemos malinterpretado a Jesús y sus enseñanzas en torno a 'perdidos'.

Jesús habla a menudo de la necesidad de recuperar algo que se ha perdido, negado, ignorado u olvidado. Hemos interpretado esas palabras a través del lente de un enfoque manifiesto, destinado a la conquista, en lugar de leer estos pasajes como enseñanzas relacionadas con traer el reino de Dios a nuestros corazones, mentes, almas, y a nuestras comunidades. Sin duda, hay un aspecto externo en las enseñanzas de Jesús, pero recuperemos el significado interno también. El acto de la redención puede ser tanto un proceso exterior como interior.

Las parábolas más conocidas que mencionan la palabra "perdido" se encuentran en la historia de Jesús en el Evangelio de Lucas. Hay tres historias sobre algo o alguien perdido. Una de ellas, la parábola del hijo perdido o pródigo, es bastante conocida, por lo que vamos a examinar las otras dos. El primer relato que Jesús hace es a una multitud de fariseos, un grupo legalista de gente de la iglesia que están molestos porque Jesús andaba con personas de dudosa reputación. En respuesta a sus comentarios de que pasaba mucho tiempo con los de afuera, les dice esta parábola:

> *"¿Qué hombre de vosotros, teniendo cien ovejas, si pierde una de ellas, no deja las noventa y nueve en el desierto, y va tras la que se perdió, hasta encontrarla? Y cuando la encuentra, la pone sobre sus hombros gozoso; y al llegar a casa, reúne a sus amigos y vecinos, diciéndoles: Gozaos conmigo, porque he encontrado mi oveja que se había perdido. Os digo que así habrá más gozo en el cielo por un pecador que se arrepiente, que por noventa y nueve justos que no necesitan de arrepentimiento."* (Lucas 15:4-7)

A primera vista, esta parábola no tiene absolutamente ningún sentido. ¿Por qué alguien –y mucho menos un pastor del siglo primero– dejaría su rebaño de 99 para buscar una oveja perdida? El riesgo de poner en peligro a las 99 sería demasiado alto. Pero estas parábolas no estaban destinadas a proveer soluciones técnicas a los problemas de pastoreo de la época. Estas son historias para ayudar a la gente a batallar con su espiritualidad. La iglesia primitiva pensaba mucho más espiritual y metafóricamente de lo que hacemos en el siglo 21.

El pastor tiene un rebaño de 100; claramente, un número que representa un grupo completo o en su totalidad. Perder una significa que el rebaño no es perfecto, así que por supuesto, el pastor va a buscar a esa una. Sin esa una, siempre habrá la sensación de que la vida está incompleta. Sentimos algo similar cuando perdemos algo como un par de zapatos, o peor, un solo zapato. Pero esto se trata de algo más que perder algo en el mundo exterior. Creo que Jesús, a través de Lucas, nos recuerda que parte de nuestra función en la vida es la búsqueda de la plenitud. ¿Qué significa para nosotros buscar una parte de nosotros mismos que está perdida? Tal vez usted ha perdido el sentido de propósito en su trabajo, o la energía por su matrimonio se ha disipado. ¿Cómo sería explorar este aspecto perdido de su vida?

La segunda parábola se trata de una moneda perdida.

> *"¿O qué mujer que tiene diez dracmas, si pierde una dracma, no enciende la lámpara, y barre la casa, y busca con diligencia hasta encontrarla? Y cuando la encuentra, reúne a sus amigas y vecinas, diciendo: Gozaos conmigo, porque he encontrado la dracma que había perdido. Así os digo que hay gozo delante de los ángeles de Dios por un pecador que se arrepiente."* (Lucas 15:8-10)

Por un lado, desde nuestro punto de vista del siglo 21, podríamos preguntarnos: "¿Qué tiene eso de especial? Es solamente una moneda." Pudiéramos pensar en las monedas que guardamos en el cenicero del coche o en la gaveta de la cocina. Sin embargo, en la Palestina del primer siglo, era diferente.

Es posible que estas monedas fueran parte de una ceremonia de matrimonio o una dote para una futura boda. Una moneda de plata tenía solo un poco más de valor que aproximadamente el salario de un día. Una vez más, tenemos una totalidad de monedas, diez, que es perturbada por la pérdida de una sola pieza de plata. Esta mujer desea juntarlas de nuevo. Ella enciende una lámpara y barre la casa, lo que sugiere que la moneda podría estar en un lugar oscuro o en la suciedad del suelo.

Francamente, me encanta el simbolismo que hay aquí. ¿Estará Lucas sugiriéndonos que a veces, cuando perdemos una parte de nosotros mismos, podríamos necesitar arrojar algo de luz sobre el asunto, y que tal vez cuando encontremos la preciosa plata, estará en medio de la suciedad?

Al reflexionar sobre la forma en que los antiguos pensaban en estas parábolas como medios espirituales y metafóricos, el padre de la iglesia del siglo cuarto, Gregorio de Nisa, señala que en esta parábola "la moneda se encuentra en la propia casa; es decir, dentro de uno mismo." Al igual que las parábolas de la oveja perdida y del hijo pródigo, hay una celebración debido a la reconexión. Lo que estaba perdido, ha sido encontrado.

Sé que usted quiere volver a pensar en la última frase, donde se menciona un pecador que se arrepiente. Pero quiero recordarle que el término pecador se utiliza a menudo para referirse a los de afuera, y la palabra para arrepentirse es la palabra griega *metanoia*, que se refiere al cambio. Todavía estamos hablando de traer algo que está afuera, de regreso al grupo entero, y muchas veces el cambio es un factor crucial en la reunificación.

Tengo un amigo que después de veinte años de matrimonio perdió el juicio, o al menos eso les parecía a todas las personas a su alrededor. Aburrido del trabajo y de la rutina de la vida, echó a un lado su matrimonio, sus hijos, y su carrera, para irse con otra mujer a una ciudad diferente. Como es típico en estos casos, después que la 'diversión' se esfumó, volvió a casa, avergonzado, abochornado y desesperado.

Recuerdo estar sentado con él en una cafetería después de que su esposa, sorprendentemente, lo recibió nuevamente en casa. "No sé qué me pasó. Es como si hubiera estado buscando algo. Pensé que lo había encontrado en esa nueva aventura. Pero eso no era tampoco lo que estaba buscando".

Nos sentamos durante largo tiempo y hablamos. Al final, le señalé el número de veces que había dicho que estaba buscando algo. Mientras escribo este libro, todavía está buscando, pero ahora con la ayuda de un guía sabio. Espero que a medida que se incline a la suciedad del polvo de su alma, haya un poco de luz, y encuentre esa moneda.

Hemos pasado de zapatos perdidos, a Perdidos en el Bosque, a tesoros perdidos en nuestra alma. Lo que está claro es que la pérdida de algo o alguien podría incluso hacer que perdamos el juicio. Pero, por otro lado, tal vez la experiencia de perder algo sea una oportunidad para un nuevo comienzo. Estoy sugiriendo que cuando perdemos algo, eso provoca que estemos dispuestos a aprender algo nuevo acerca de nosotros mismos.

Astrid descubrió que podía estar tranquila mientras estaba perdida en esos bosques de Vermont. Aprendió una valiosa lección de la vida que ha aplicado, aunque a regañadientes, en otros momentos de pérdida. Mi amigo ha descubierto que tiene una esposa llena de gracia, mientras que él está pasando su vida buscando un tesoro perdido.

Experimentar una pérdida puede ser uno de esos momentos de espiritualidad cotidiana que nos enseñan lecciones sobre nosotros mismos, y sobre las personas que nos rodean.

capítulo veintiséis Llorar

La gran mayoría de los aportes que recibí para este libro fueron historias relacionadas con experimentar la presencia de Dios después de la muerte de un ser querido. La gente me envió historias contándome cómo Dios había estado, sutil o dramáticamente, presente en el momento de su pérdida. Eso me sorprendió.

Lo que me sorprendió no fueron las historias de lo sagrado viniendo a la vida, sino lo común y corriente de la gente que me escribió. Estas personas no eran pastores, filósofos o psicólogos. Eran plomeros, amas y amos de casa, gerentes de nivel intermedio, personal de enfermería y cajeros de Walmart. Estos eran, en su mayoría, ciudadanos de a pie. Una de esas personas fue Anne.

Hace casi cuatro décadas (me parece que fue ayer), nuestro primer hijo, un varón, nació muerto. Fue un embarazo complicado, y estuve a punto de morir después del parto. Estuve en el hospital durante varios días en recuperación, y me permitieron regresar a casa para la Nochebuena. Esa noche, mi padre se quedó conmigo, mientras que el resto de la familia, que se había reunido para lamentar la muerte del bebé, fue a la iglesia. Mientras mi papá y yo estábamos solos en la sala de estar, con el árbol de Navidad iluminado, me di vuelta hacia el árbol, llena de angustia. Mientras las lágrimas me corrían por las mejillas, oí claramente una voz, que mi padre no oyó. La voz me dijo que no iba a pasar otra Navidad sin un hijo. El siguiente 4 de diciembre nació nuestra hija, aunque mi padre, quien había sido diagnosticado con cáncer de pulmón el año anterior, murió antes de que naciera.

Anne es una de esas personas que desde temprana edad siempre tuvo la sensación de que conocía a Dios, incluso antes de que fuese capaz de llamarlo por ese nombre. Fue así como le dio introducción a la historia que me envió, llena de experiencias en las que una presencia que le era imposible describir, le cuidaba, vigilaba o guiaba. Pero el caso más profundo fue durante la muerte de su hija adulta. Sí, otra pérdida en su vida.

Anne regresaba de un fin de semana fuera, y había cambiado de forma imprevista sus planes de viaje. Después de varios retrasos inesperados, un oficial de policía le informó de la trágica noticia. Amigos y familiares se reunieron para apoyarla, lo que ayudó a calmar su conmoción y dolor. Pero más que eso, o tal vez combinado con ese apoyo, Anne también experimentó lo que ella describe como un cálido abrazo divino que la consoló; y aunque no eliminó por completo el aguijón de la muerte, le permitió descansar en la calidez y el confort de que estaba siendo cuidada.

Ese encuentro fue fundamental para ayudarle a sanar, y para su aflicción.

Anne no es la típica persona que me imaginaría experimentando ese tipo de intervención divina. Ella es la clásica creyente que va a la iglesia, una supuesta consumidora de todo lo que ofrece la cultura de la iglesia, desde el ministerio del altar, hasta círculos de hermandad y varios comités. Anne lleva consigo una profunda sensación de que Dios está con ella todos los días. Cuando me describió otras de sus experiencias con una divina presencia protectora, comencé a verla de manera diferente. Ella es una mística cotidiana. Su receptividad a encuentros espirituales, combinada con su apariencia de 'una persona como cualquiera de nosotros', me hizo preguntarme: ¿Qué otra persona así está en nuestras vidas?

Una de las razones por las que muchas personas tienen profundos encuentros divinos relacionados con la muerte es debido a nuestra relación con la resurrección de Jesús. El poder de la historia de la resurrección de Jesús significa más que solo un acontecimiento pasado que ocurrió hace 2.000 años. La resurrección es algo que nos *está pasando*, no solo algo que *pasó*. Es una acción del Espíritu Santo presente y futura. En otras palabras, usted y yo estamos resucitando.

En las palabras de Eugene Peterson, en su libro *Cristo Actúa en Diez Mil Lugares*: "Resurrección es principalmente una cuestión de vivir en una maravillosa creación, abrazar una historia de salvación, y después tomar nuestro lugar en una comunidad santa."

En el capítulo uno, hablé sobre el acto de respirar como una activa participación cotidiana en esta vida santa. El primer ser humano fue traído a la vida por un soplo. Dios sopló vida sobre el polvo de la tierra y de esa manera nació Adán. El *ruach* de Dios es la palabra hebrea para respirar. En la historia de Jesús en el Evangelio de Juan, él nos recuerda el poder del *ruach* en su relato sobre la resurrección de Jesús.

Cuando Jesús se aparece a sus discípulos mientras estaban encerrados y escondidos a causa de su miedo, les dice: *"Paz a vosotros. Como me envió el Padre, así también yo os envío. Y habiendo dicho esto, sopló, y les dijo: Recibid el Espíritu Santo."* (Juan 20:21-22)

Esta combinación de Shalom, el soplo, y el Espíritu Santo, nos lleva al punto de partida del poder y la presencia de Dios en toda la vida. Allí, al principio de la creación, y aquí de nuevo, en el nacimiento de una nueva creación.

En los días antes de su crucifixión, Jesús pasó tiempo preparando a sus discípulos para lo que vendría. A través de una conversación larga y complicada los preparó para su partida, prometiéndoles su venida. Jesús iba a morir, pero el Espíritu vendría. Estas palabras sobre irse y venir continúan en la historia de Juan hasta el final, cuando Jesús sopla. Así como Jehová sopló vida en el primer ser humano, ahora Jesús sopla vida en toda la creación.

La muerte es denominador común en los seres humanos. Le tememos y nos sentimos fascinados por ella a la misma vez. Shakespeare escribió sobre fantasmas y apariciones, las películas actuales representan encuentros con el más allá, y la persona promedio conoce los fantasmas de ese fino velo que separa la vida y la muerte.

William me escribió acerca de los acontecimientos relacionados con la muerte de su padre. Su padre y él tuvieron una buena relación, pero distante, durante años. Al igual que muchas relaciones entre padre e hijo, había una incomodidad cordial.

Cuando su padre murió ya anciano, William recordó la tarde después del funeral. "Fui a la casa de mi padre, donde había vivido la mayor parte de su vida adulta. Una vez adentro, algo me hizo subir las escaleras, donde escuché un rechinar cuando entré en su habitación, y vi que la ventana estaba abierta y las cortinas estaban ondeando con la brisa. Allí, al pie de la cama, estaba sentado mi padre, quien se volvió, me miró y me sonrió. Era una sonrisa amable, diferente a cualquier otra que jamás había visto en su rostro. De repente, una ráfaga de viento entró por la ventana, la cortina voló, y mi padre se había ido. Nunca le había dicho a nadie sobre este encuentro hasta ahora".

Estas historias reflejan diferentes maneras en que las personas se conectan con Dios. ¿Podría ser que en la muerte descubrimos la vida? ¿Habrá algo en los momentos finales de la vida que provoca que seamos consientes de Dios? ¿Nos hará nuestra participación en la resurrección que ha sucedido y está sucediendo, más conscientes de la presencia de lo divino y sagrado? Hay un tema en la vida espiritual de muchas personas.

La poetisa Maya Angelou plasma tanto la pérdida como la esperanza que experimentamos en torno a la muerte. En este fragmento de su poema "Cuando los Grandes Árboles Caen", leemos sobre el proceso de lamentar una muerte:

> Y cuando las grandes almas mueren,
> después de un tiempo, la paz florece,
> lentamente y siempre de forma
> diferente.[35]

Angelou provee estas reconfortantes palabras a las que la gente puede aferrarse durante tiempos de dolor. El largo camino a través del valle de la tristeza es realmente irregular y lento. La longitud de ese camino varía de una persona a otra. Meses sería raro; años, o incluso décadas, sería más común.

Mientras estaba sentado recientemente con varios amigos durante el almuerzo, hablando sobre las dificultades de unan colega que estaba cuidando a su hija adulta durante su tratamiento de cáncer, alguien del grupo reveló que había perdido un hijo a causa del cáncer. "Uno nunca se recupera", dijo. "Se queda con uno para siempre." Entonces, después de una larga pausa, durante la cual ninguno de nosotros sabía qué decir, añadió: "De alguna manera uno sigue adelante … es algo muy extraño. La vida desea seguir adelante".

Algo que con frecuencia escucho de gente que sufre la pérdida de un ser querido es su experiencia con lo inexplicable. Tal vez escuchan una voz, como vimos en la historia de Anne. A veces, describen haber visto fenómenos visuales, en otras ocasiones, tienen un sentido intuitivo de que algo o alguien está con ellos.

Estos encuentros espirituales son más comunes de lo que admitimos. Mi estimado, basado en años de ministrar personas en duelo, es que alrededor del 50 por ciento de las personas tienen alguna experiencia "inexplicable". Es como si estuviéramos más abiertos a otro mundo durante el duelo.

En 2008, me estaba preparando para partir a un viaje misionero a Rochester, Nueva York, con nuestros jóvenes de escuela secundaria. El viaje consistía en una semana de proyectos de servicio a la comunidad en los barrios marginados. El martes antes de nuestra salida el fin de semana, recibí una llamada telefónica de que una de nuestros miembros clave, una heroína en la comunidad local, había muerto. Ella estaba en sus 40 años y era una figura central en nuestra ciudad y una muy querida veterinaria. Lo que hizo las cosas aún más difíciles fue la noticia de que se había quitado la vida.

El suicidio es la más dura de las penas. El repentino impacto del evento, combinado con el sentimiento de culpa de aquellos que han quedado, plantea desafíos particulares.

Debido al horario del funeral, me quedé para oficiar el servicio fúnebre, mientras que nuestros jóvenes, y los líderes adultos, viajaron a Rochester.

En los días previos al funeral, me sumergí en conversaciones con los miembros de la familia, consulté a psicólogos y leí varios artículos sobre el tema del suicidio. Quería celebrar un funeral que realmente proporcionara recursos para la curación. Mi oración era que pudiéramos honrar la vida de aquella mujer, que los miembros de la familia recibieran esperanza, y que pudiéramos recordar que Dios es compasivo.

Después del funeral, volé a Rochester para reunirme con nuestro grupo, todavía consternado por aquel funeral, la triste pérdida de una mujer increíble. Al aterrizar en Rochester, tuve un impulso repentino de visitar la Casa Museo de George Eastman Kodak.

Eastman fue el fundador de la Kodak, la compañía de cine de renombre que dominó la fotografía durante la mayor parte del siglo 20. He sido un fotógrafo desde mi juventud, y en una ocasión envié una solicitud al Instituto de Tecnología de Rochester, cuando consideré seguir una carrera en el cine.

Llegué a la casa Eastman y tuve una experiencia muy peculiar de ser guiado adentro. Estaba caminando por el museo como si supiera a dónde iba, pero nunca había estado allí. Subí las escaleras, pasé por muchas exposiciones que quería ver, pero no me detuve. En su lugar, fui atraído, como si alguien me llevara de la mano con clara determinación. Finalmente, llegué arriba, al dormitorio principal de George Eastman, atraído por una vitrina de varios artículos, incluyendo una pequeña nota escrita a mano. Me incliné y leí la nota de George Eastman.

> *Mis amigos:*
>
> *Mi trabajo está hecho. ¿Por qué esperar?*
>
> Firmado: George Eastman

Leí la descripción junto a la vitrina. Lo que acababa de leer era la nota de suicidio de George Eastman. Él se quitó la vida en 1932 a la edad de 77 años, con un disparo en el pecho.

Me alejé dando tumbos y casi me caigo. Me senté en un banco en la habitación de al lado, me sentía abrumado. ¿Qué había sucedido? ¿Cómo lo supe? No sabía. ¿Qué me ha traído hasta aquí? ¿Qué está pasando? Preguntas y confusión daban vueltas en mi mente.

Me hice camino a un baño, donde me eché agua en la cara. Aturdido, finalmente salí al exterior, a una tarde de verano caliente y húmeda, y me senté en los escalones de cemento de la Casa de George Eastman. Durante aproximadamente una hora me senté a la sombra, mientras mi mente corría, después disminuía la velocidad, y finalmente, poco a poco, encontró la calma.

Me compuse, me encaminé a encontrarme con nuestro grupo de jóvenes en una escuela secundaria cercana y me uní a ellos para la cena y una semana de proyectos de servicio.

En los meses y años posteriores a ese evento, he oído varias teorías acerca de lo que experimenté. Un psicólogo me ayudó a verlo como un encuentro profundo de sincronicidad, una teoría desarrollada por Carl Jung, quien lo definió como "un principio de conexión acausal." La explicación más simple de la sincronicidad es que los eventos a veces están conectados por significado, y no por causa y efecto.

Un director espiritual una vez me guio a través de la meditación y trató de explicar este evento como un mensaje del Santo, una palabra diseñada para sacarme de lo que podía haberse convertido en una obsesión con el suicidio. Luego tuve una conversación con un joven pastor evangélico que estaba resuelto a hacerme ver aquello como ángeles guiándome al museo. Cuando le pregunté: "Está bien, pero ¿por qué? ¿Con qué propósito?," no me pudo dar una respuesta. Le conté la historia a una miembro de la familia que es atea, y me dijo: "Es sólo una coincidencia."

He llegado a creer que hay un fino velo entre la vida y la muerte. Estamos a un suspiro de movernos entre esos dos mundos. De alguna manera, yo estaba profundamente afectado por aquella muerte, el suicidio de esa mujer. Yo estaba tan sumergido en el dolor que andaba a la deriva y con necesidad de conectarme a la tierra. El viaje al museo fue para que yo recibiera una repentina y dramática bofetada en la cara, no de una manera negativa, sino de una manera instructiva.

Creo que de alguna manera el Espíritu Santo estuvo involucrado en ese momento de sanidad, pero no de una manera que yo puedo racionalmente entender a plenitud. Ella estaba haciendo su trabajo, y algo estaba sucediendo, pero me estaba siendo difícil comprenderlo.

He incluido intencionadamente en este capítulo varias historias que confunden la lógica. Hemos recorrido un largo camino en cuanto a la espiritualidad cotidiana se refiere. Pero, ¿será cierto? La razón por la que he ido un poco más allá al final de este libro es simple. Creo que muchas personas han tenido encuentros cercanos de tipo divino. Pero no están tan seguros de que puedan contar sus historias. No están seguros de que sus amigos o los miembros de la iglesia los acepten. No están tan seguros de que no se reirán de ellos. Sé que la gente quiere expresar estos misterios y conectarse con otros que lo han hecho.

¿Podemos crear lugares seguros para que la gente hable sobre cosas extrañas?

¿Puede usted ser una persona que esté dispuesta a escuchar lo inexplicable?

¿Qué historia o experiencia estaría dispuesto a compartir si encontrara la oportunidad adecuada?

Si está leyendo este libro como parte de un grupo de estudio, ¿pudieran compartir algunas historias de lo sagrado?

Una vez prediqué un sermón que constaba de cuatro momentos de Dios simples, peculiares e inexplicables. Yo era un predicador invitado en la congregación, así que no conocía a ninguna de las personas. Durante un grupo de discusión después del servicio de adoración, un hombre mayor de repente compartió una historia de su juventud. Contó que había escuchado claramente la voz del Espíritu Santo de Dios que le guiaba. Eso cambió su vida, tanto en términos de su trabajo como de su familia. Se había guardado aquella historia durante 60 años, y nunca se la había revelado a otra persona.

Espero que estas historias le hayan dado a usted permiso para contar la suya.

capítulo veintisiete — Maravillarserse

Estoy acostado sobre mi espalda ... flotando. Por encima de mí hay un cielo azul pálido, ni una nube a la vista. Las olas sostienen mi cuerpo alto y delgado. Durante la última hora, había estado jugando en la playa con unos 30 chicos de secundaria como parte de un programa de campamento de verano. Como yo era uno de los consejeros, se suponía que participara con los campistas en la diversión y los juegos, y eso es lo que había estado haciendo. Seguidamente, mientras todos los demás se tomaban el descanso del almuerzo, me zambullí en el océano. Nadé más allá del punto donde rompen las olas, y me relajé, flotando sobre mi espalda.

Por encima de mí, puedo ver el borde de la luna. Sí, es de día, pero en esta tarde clara de California, puedo ver la silueta de la luna. Estoy flotando en el mar, flotando en el espacio. Me envuelve la emoción y comienzo a llorar. Tengo la sensación de que estoy siendo estrechado por dos manos que me sostienen a flote en un vasto océano de un gran universo. En lo que parecen horas, soy transformado por ... mmmmmmm. Todavía no estoy seguro, y sin embargo estoy muy seguro. Un pensamiento entra en mi conciencia: *Ella me ama*. El Espíritu de Vida me sostiene. Ella es el mismo Espíritu que se movía sobre las aguas en el principio de los tiempos, que viajaba con Moisés, María y Aarón cuando cruzaron el Mar Rojo desde el cautiverio hacia la tierra prometida, y que flotaba sobre el río Jordán con Juan el Bautista. Yo sabía –

no pensaba, no creía– no, yo *sabía* que el Espíritu Santo de Dios se preocupaba apasionadamente por mí.

Cuando la gente describe la intemporalidad, debe ser algo como eso –flotando sobre la espalda, mirando hacia el cielo de la tarde durante una eternidad. En cierto modo, todavía estoy allí. Fue uno de los momentos más profundos de mi vida.

Entonces, sin previo aviso, algo me agarró y me tiró hacia debajo del agua. El miedo y la ansiedad estallaron a través de cada célula de mi cuerpo.

¿Qué fue eso? ¿Un tiburón? ¿Una roca? ¿Un bote a la deriva?

Cuando volví a la superficie, me di cuenta de que eran dos de mis campistas, que pensaron que sería divertido tirarme hacia debajo del agua. Hacia abajo fui, despojándome bruscamente de mi estado místico atemporal. De regreso a la playa, se rieron cuando les contaron a los demás lo fácil que fue acercarse sigilosamente a mí, tirarme hacia abajo, y ver mi expresión de asombro. Lo que no sabían era lo que habían interrumpido.

¿Alguna vez ha tenido una experiencia en la que sintió que estaba en la presencia de Dios?

Supongo que la respuesta podría ser sí, pero quizás nunca ha pensado que lo que experimentó fue espiritual. En este libro, he tratado de demostrar cuánto de la vida cotidiana es un encuentro con lo sagrado. Pero más allá de la experiencia diaria de la vida, a veces hay encuentros con un tiempo o un espacio santo. Estos son los encuentros que son inexplicables, raros, e implican fenómenos que van en contra de nuestra experiencia de vida cotidiana. Algunas personas tienen encuentros extremadamente extraños con el Santo, mientras que otras experimentan eventos ordinarios, y aún a otros les puede haber pasado "algo" que creen que no pueden compartir con nadie. Estoy convencido de que casi todo el mundo ha tenido algún tipo de encuentro, pero algunos pudieran estar reacios a describir la experiencia.

El filósofo y psicólogo del siglo 19, William James, discute esta idea en su clásico libro, *Variedades de la Experiencia Religiosa*. El hace una distinción entre los encuentros religiosos primarios, que son experiencias personales directas, y la religión secundaria, que consiste en enseñanzas sobre la fe o aspectos organizativos. La mayor parte de lo que sucede en la vida de la iglesia americana de hoy es religión secundaria –información, análisis, y descripción. Cuando predico o enseño sobre un pasaje de la escritura, o describo un concepto teológico, estoy practicando la religión secundaria. Es secundaria porque está distante de ser una experiencia religiosa.

Por el contrario, la religión principal son las experiencias directas de lo santo, tales como encuentros con fenómenos, fantasmas, criaturas numinosas, conversaciones con ángeles, y experiencias de una apacible calma. Esos encuentros pueden ser experiencias indescriptibles o recordatorios sutiles de la bendición de estar vivo. Pueden ser al aire libre, dentro de su sala de estar o en la esquina de su trabajo. Este capítulo es un intento de dar voz a las experiencias religiosas primarias que las personas tienen de vez en cuando.

Los Juegos Olímpicos de invierno de 1980 en Lake Placid, Nueva York, son quizás mejor conocidos como el Milagro sobre Hielo, el partido de hockey por la medalla de oro en la que el equipo estadounidense, formado por jóvenes de edad universitaria, venció al dominante equipo de la Unión Soviética. Pero, para mi amigo David, marcó el comienzo del fin de su carrera. David era un exitoso director de publicidad de la cadena NBC. Se le asignó la responsabilidad de proveer apoyo al personal que cubría los Juegos Olímpicos, lo cual incluía muchas tareas logísticas como la transportación. A pesar de su éxito, o quizás debido a él, David también tenía un problema: era un alcohólico. Esa enfermedad con el tiempo comenzó a afectar su trabajo, como lo hizo en Lake Placid.

Llegó a Lake Placid necesitando una media docena de vehículos de alquiler. El problema: se trata de los Juegos Olímpicos, Lake Placid es una pequeña ciudad, y si usted no había hecho reservas con meses de antelación, pues buena suerte para encontrar coches de alquiler disponibles. Por supuesto, eso tuvo lugar décadas antes de la llegada de Uber. Siendo creativo en medio de la desesperación, David fue al concesionario local de Ford y compró cuatro vehículos con la cuenta de la compañía. Problema resuelto.

A su regreso a Nueva York, después de que el resplandor de los Juegos Olímpicos se había desvanecido, David fue llamado a la oficina de su supervisor. Las palabrotas volaban y las preguntas retumbaban a través del alto edificio. "¿Cuatro vehículos?" "¿Comprados?" "¿Qué estabas pensando?" "¿Quién crees que eres?"

Finalmente, después de una descarga de ira por parte del vicepresidente de la compañía, David tuvo la oportunidad de hablar.

"No es mi culpa."

"Bueno, entonces, ¿de quién es la culpa?" Respondió el vicepresidente.

"Es su culpa."

"¿*Mi* culpa?" Respondió el vicepresidente, incrédulo. "¿Cómo puede ser mi culpa?"

"Bueno, señor, usted me contrató."

El sorprendido vicepresidente se echó hacia atrás en su silla. Se quedó en silencio, no habiendo antes sido testigo de tal expresión de irresponsabilidad. Finalmente, dijo: "Tienes razón, David, es mi culpa."

Al día siguiente, David fue trasladado de televisión NBC en Nueva York a una pequeña afiliada en Kalamazoo, Michigan. Allí, durante varios años, trabajó en ventas en una radio local y siguió bebiendo. Como dirían muchos alcohólicos, estaba poseído. No podía parar. Con el tiempo, intentó varias veces la rehabilitación y los Alcohólicos Anónimos –y también estuvo varias veces cerca de la muerte.

Todo llegó a un punto crítico en una noche, cuando David consumió tanto alcohol que tuvo que ser hospitalizado. Pero hasta el día de hoy no recuerda cómo llegó al hospital.

Una noche, lo despertó la presencia de una enfermera al pie de la cama. Vio una gran mujer afroamericana vestida con un uniforme blanco, como el uniforme de enfermera tradicional, incluyendo el gorro blanco, que era un elemento básico del uniforme en una época anterior. Ella lo miró y dijo: "¿Qué estás haciendo con tu vida?"

A la mañana siguiente, después que la luz del sol entró en su habitación del hospital, le preguntó a la asistente si podía hablar con la enfermera.

"Soy la enfermera de turno, señor", dijo la mujer blanca, delgada, pequeña y de más edad.

"No, me refiero a la otra enfermera. La que estuvo aquí anoche".

"*Soy* la enfermera del turno de noche, señor. Yo soy la única que ha estado en este piso toda la noche".

¿Que había sucedido esa noche? ¿Cómo lo describiría usted?

Hasta el día de hoy, David todavía puede visualizar aquella mujer grande que le hizo la pregunta más profunda –la pregunta que poco a poco, de manera imperfecta, ayudó a guiar a David hacia el camino de la recuperación.

¿Tuvo una visión beatífica? ¿Tuvo una alucinación provocada por el alcohol? ¿Fue este un encuentro con su subconsciente? Es difícil saber. Una cosa es segura: Fue una sacudida suficiente para guiarlo al camino de la curación.

Un hombre que luchaba con el alcoholismo le preguntó en una ocasión al psicólogo Carl Jung lo que podía hacer para ser curado. Jung le respondió: "Hasta que no tenga un encuentro espiritual, usted no será sanado. La raíz en latín de la palabra alcohol es *spiritus*, y lo que usted está buscando al beber *spiritus* es un encuentro con el misterio."[36]

Lo que David experimentó fue un encuentro de primer nivel o religioso primario. Lo que ocurrió esa noche en el hospital, fue una experiencia directa. La curación de David no se produjo porque alguien le describió cómo Dios obra en el mundo, ni fue 'salvo' al leer acerca de otros que habían tenido un encuentro con lo divino. Él tuvo una relación directa con el misterio que nuestras mentes racionales con frecuencia cuestionan.

¿Con qué frecuencia leemos sobre momentos sagrados en la Biblia? La respuesta: muy a menudo. Un momento sagrado sucede cuando un destello de luz ciega al apóstol Pablo, y cuando los discípulos son testigos de la Transfiguración, en el que la presencia de Jesús comienza a brillar en una gloria radiante, y Moisés y Elías están con Jesús y hablan con él. Leemos de otros momentos sagrados cuando Elizabeth escucha a un ángel hablar con ella, Job conversa con el Dios del universo, Salomé es testigo de la resurrección de Jesús, el niño Samuel escucha a Dios en un sueño, y la voz apacible le habla a Elías desde el torbellino.

La historia de la iglesia cuenta con numerosos encuentros con Dios que se podrían describir como misteriosos. El Emperador Constantino del Santo Imperio Romano convirtió al cristianismo en la religión oficial, debido a sueños y visiones. Martín Lutero dijo que su decisión de convertirse en un monje se basó en un encuentro espantoso durante una tormenta eléctrica. La Madre Teresa de Calcuta hizo su decisión de entrar en el monasterio mientras oraba durante una peregrinación ante una Virgen Negra en el pueblo de Letnice, en Kosovo.

Ni siquiera he incluido referencias a encuentros divinos de gente en otras partes del mundo y en otras religiones. En nuestras bibliotecas tenemos libros enteros que registran las vidas de santos y pecadores que fueron testigos del misterio. Los seres humanos han experimentado, de hecho, una variedad de experiencias religiosas.

Mi episodio de misterio mientras flotaba en el Océano Pacífico no puede ser tan dramático o impactante como la visión celestial de mi amigo David en el hospital, pero representa una experiencia religiosa primaria. Es mi opinión que casi todo el mundo ha tenido alguna experiencia primaria con el santo, Dios, lo sagrado, el misterio de todos los misterios. Sin embargo, somos reacios a hablar de ellas.

Hay un viejo chiste de la comediante Lily Tomlin: "¿Por qué es que cuando la gente habla con Dios, decimos que es oración, pero cuando dicen que Dios habla con ellos, lo llamamos locura?"[37]

Nuestro gran temor es que, si le contamos a alguien nuestras extrañas, raras, insólitas e inexplicables experiencias, nuestros amigos y familiares puedan pensar que hemos perdido la razón.

No tema. Usted no está solo. La verdad es que la gente común tiene misterios santos.

Epílogo

El verano pasado, durante una sofocante y húmeda tarde, me monté en mi bicicleta y fui a nadar al océano. Me sumergí en las olas y nadé hasta un poco más allá del punto donde éstas rompen, flotando a la deriva sobre mi espalda en las aguas del Atlántico. Miré hacia el cielo azul claro sobre mí. Allí estaba de nuevo, una sombra de luna creciente. Me quedé flotando sobre mi espalda, recordando otra ocasión en otro océano. Sonreí y me relajé, flotando en sus manos otra vez.

Todavía estoy allí, y Ella todavía está allí.

Conclusión

¿Y ahora qué? ¿Cuál es el siguiente paso?

Estas son preguntas que las personas me han hecho después de leer este libro. Las mismas reflejan nuestra predilección como americanos con las tareas. ¿Qué debo hacer? ¿Qué *más* tengo que hacer? Somos un pueblo orientado a las tareas.

Pero tal vez la respuesta para la espiritualidad cotidiana no se trata tanto de lo que debemos *hacer*, sino de cómo debemos *ser*. Tal vez la respuesta es simple ... empezar a vivir cada día como una expresión de lo santo, lo sagrado, lo divino. Viva cada día caminando con Dios –y no sólo caminando, sino también durmiendo, leyendo, respirando, cocinando, riendo, llorando y maravillándose. Algunos de nosotros sólo tenemos que vivir la vida y no preocuparnos de qué otra cosa necesitamos hacer o debemos hacer. A menudo me pregunto si nuestra búsqueda de la esperanza, la paz y la relevancia como personas del siglo 21 es una versión moderna de la justicia por obras. Ese es el concepto de que no somos lo suficientemente buenos para ganarnos el amor de Dios. En su esencia, este libro, y el movimiento que espero provocar en torno a la espiritualidad cotidiana, es un intento de aliviar a la gente de su carga ... el monstruo de "*más*". Así que, por lo menos, espero que usted viva su vida y sepa que Dios está con usted, en usted y alrededor de usted de una manera amorosa, comprensiva y llena de gracia. Sin vergüenza, sin culpa, sin obligaciones.

CONCLUSIÓN

Sin embargo, si usted es como yo, a menudo es un reto permanecer centrado en una nueva actitud y un nuevo entendimiento. Así que le sugiero una idea: Busque a un grupo o a otra persona con la que pueda hablar sobre la espiritualidad cotidiana. Tengo una guía de estudio gratis para ayudarle a empezar. Puede obtener una copia en mi página web www.jameshazelwood.net. O, enfoque su comprensión al usted mismo enseñar estos conceptos. La guía de estudio y otros recursos le ayudarán con eso también. Además, encontrará otras herramientas y ayuda en mi sitio web, incluyendo un boletín y un podcast con otras historias no incluidas en este libro.

Por último, me gustaría saber cómo está viviendo esta espiritualidad cotidiana. Manténgase en contacto, envíeme su opinión sobre este libro, así como sus propias historias de espiritualidad cotidiana.

James
www.jameshazelwood.net

Recursos

Notas

[1] Richard Rohr, *Inmortal Diamond: The Search For Our True Self* (Nueva York: Jossey-Bass: 2013), 25, 176-179.

[2] Abraham Lincoln, Lincoln: discursos, cartas y escritos diversos, 2 vols. (Library of America, 1989), 520-521.

[3] Claire Zillman, "How Black Friday Ate Thanksgiving and Destroyed Itself," *Fortune*, Blog, noviembre 25, 2013. http://fortune.com/2013/11/25/how-black-friday-ate-thanksgiving-and-destroyed-itself/

[4] Waste-Away Group, "Datos y Estadísticas de Correos Basura," Blog, enero 21, 2018. http://wasteawaygroup.blogspot.com/2018/01/junk-mail-facts-andstatistics.html

[5] Bhikkhu Bodhi, ed. *En las palabras del Buda: Una antología de discursos del Canon Pali* (Boston: Wisdom Publications, 2005).

[6] Jalal al Din Rumi, *The Soul of Rumi: A New Collection of Ecstatic Poems*, trad. Coleman Barks (Nueva York: Harper Collins, 2002).

[7] Meister Eckhart, *Selecciones de Sus Escritos Esenciales*, trad. Oliver Davies (Londres: Penguin Classics, 1994).

[8] Eugene Peterson, "It's a Wonder-full Life," *Christianity Today*, December 2007. Reimpresión de archivo. https://www.christianitytoday.com/ct/ 2007/december/28.34.html

[9] Luciuis Seneca, from Moral Letters 123.3, in Letters from a Stoic, trad. Robin Campbell, Reimpresión (New York: Penguin Classics, 1969)

[10] Lao Tzu, Tao Te Ching: A New English Version, trad. Stephen Mitchel (New York: Harper Perennial, 1988), estrofa 15

[11] Joe Pinsker, "La razón por la que la mayoría de las personas muy ricas no están satisfechas con sus riquezas," *The Atlantic*, Dic 4, 2018 https://www.theatlantic.com/family/archive/2018/12/rich-people-happy-money/577231/

[12] Daniel Kahneman y Angus Deaton, "Los Altos Ingresos Mejoran la Evaluación de la Vida, pero no el Bienestar Emocional," Actas de la Academia Nacional de Ciencias de los Estados Unidos de América, 7 de septiembre, 2010.

[13] Cita de Eric Gritsch, *The Wit of Martin Luther* (Philadelphia: Augsburg Fortress Press, 2006) Loc 15 citando a Niebuhr, Humor and Faith, 111

[14] Markham Heid, "You Asked: Does Laughing Have Real Health Benefits?" *Time*, Noviembre 19, 2014. http://time.com/3592134/laughing-healthbenefits/

[15] Cigna, "Nuevo Estudio de Cigna Revela la Soledad a Niveles de Epidemia," Cigna.com., 1 de mayo de 2018 https://www.cigna.com/newsroom/ news-releases/2018/new-cigna-study-reveals-loneliness-at-epidemic-levels-in-america

[16] Julia Holt-Lunstad et al. "Las relaciones sociales y el riesgo de mortalidad: Una Revisión Meta-Analítica," *PLOS Medicine*, julio 27, 2010. https://doi.org/10.1371/Journal.pmed.1000316. En resumen, estos resultados indican que la influencia de las relaciones sociales en el riesgo de mortalidad es comparable con los factores de riesgo bien establecidos para la mortalidad, como el tabaquismo y el consumo de alcohol, y supera la influencia de otros factores de riesgo como la inactividad física y la obesidad.

[17] Aristotle, *Nichomachean Ethics*, trad. W.D. Ross http://classics.mit.edu/Aristotle/nichomachean.8.viii.html

[18] Roland Bainton en *Where Luther Walked*, dirigido por ChartHouse Learning, Burnsville, MN, 2010, DVD

[19] Eddie Yoon, "La Industria de los Comestibles afronta un Nuevo problema: Sólo al 10% de los estadounidenses les gusta cocinar", *Harvard Business Review*, septiembre de 2017 https://hbr.org/2017/09/the-grocery-industry-confronts-a-new-problem-only-10-of-americans-love-cooking

[20] Martín Lutero, *El Pequeño Catecismo*, trad. Timoteo Wengart (Minneapolis: Augsburg Fortress Press, 2016), 23

[21] Chris Crowley y Henry Lodge, MD, Más Joven Cada Año: Una Guía Para Permanecer Joven Más Allá de los 80; (Editorial Sirio, 2006)

[22] Joe Henry, "Una conversación con Linford Detweiler," Image Journal, Edición 99 https://imagejournal.org/article/a-conversation-with-linford-detweiler/

[23] Molly Phinney Baskette, Palabras de apertura, Asamblea del Sínodo de Nueva Inglaterra, 8 de junio de 2014, Massachusetts Mutual Center, Springfield, MA

[24] Leonard Sweet, *SoulTsunami: Húndase o Nade en la Cultura de los Milenios* (Grand Rapids, MI: Zondervan Press, 1999). Sweet usa esta frase en una de sus presentaciones en la Iglesia Luterana Cristo Rey, Holliston, MA mayo de 2001 en la Conferencia Formando Una Iglesia Saludable. La idea se basa en partes de este libro. Por razones obvias, Sweet ya no utilizaba ilustraciones sobre bombas después de los acontecimientos del 11 de septiembre de 2001. Lo que entendí que estaba enfatizando es similar a la obra de Jaroslav Pelikan en *Jesús a Través de los Siglos* (New Haven: Yale University Press, 1999), es decir, que en diferentes momentos de la historia diferentes aspectos de una tradición religiosa parecen reflejarse en la cultura. En este capítulo, estoy presentando el argumento de que el servicio es una parte de la fe cristiana en sintonía con nuestros tiempos.

[25] Martin Marty, citando al fallecido Albert Outler, profesor de la Universidad Metodista del Sur. Confirmado en una correspondencia por correo electrónico privado el 6 de junio de 2019

[26] Belinda Luscombe, *"¿Necesitamos $ 75.000 Para Ser Felices?"* Time, 6 de septiembre 2010 http://content.time.com/time/magazine/artiCLE/ 0, 9171,2019628,00.html

[27] Brené Brown, *Daring Greatly: How the Courage to Be Vulnerable Transforms the Way We Live, Love, Parent, and Lead* (New York: Avery, Reimpresión, abril 7, 2015) 42.

[28] Cómo fue contado por el poeta Robert Bly en una charla con Deborah Tannen, 1 de noviembre de 1991, El Gran Salón en la Cooper Union, Nueva York, Nueva York.

NOTAS

²⁹ A esta cita mundialmente conocida de la Dra. Marie-Louise Von Franz no se le conoce el origen, aunque es consistente con sus escritos en *CG Jung: Su Mito en Nuestro Tiempo* (Nueva York: Putnam Publishing, 1975), especialmente el Capítulo VIII, coincidentia oppositorum, pp.158ff

³⁰ Richard Rohr, *The Naked Now: Learning to See as the Mystics See* (Nueva York: Crossroad Publishing Company, 2009) 23.

³¹ Richard Rohr y Mary Beth Ingham, *Sosteniendo la Tensión: El Poder de la Paradoja*, Audio CD (Albuquerque, Nuevo México: Centro para la Acción y la Contemplación, 2007), disco 3

³² Eugene Peterson, *La Biblia de Estudio The Message* (Colorado Springs: NavPress 2012) 1850

³³ Joni Mitchell entrevista de 1989, parte 1. Grabado por *Quintessential Covina*, un programa de televisión de acceso público en Covina, CA. Jeff Plummer, entrevistador. Marty Getz, productor. Grabada en mayo de 1989. https://www.youtube.com/watch? v = w1gCku0w1sw

³⁴ Ángeles y Demonios (No.45), 1941, tinta china, papel de color, pintura blanca. https://www.mcescher.com/gallery/back-in-holland/no-45-angel-devil/

³⁵ Maya Angelou, *The Complete Poetry* (Nueva York: Random House, 2015) 258

³⁶ CG Jung en una carta a Bill W (co-fundador de Alcohólicos Anónimos) Reproducido en Jan Bauer, *El Alcoholismo y la Mujer: El Trasfondo y la Psicología* (Toronto: Inner City Books, 1982) 123ff

³⁷ Esta frase fue escrita originalmente por la compañera de Lily Tomlin, Jane Wagner, y la última palabra fue "esquizofrenia". Sin embargo, varias iteraciones de esta frase han usado la palabra "locura." http://classic.lilytomlin.com/lily/quotes.htm

Recursos

Cualquier libro tiene un millar de libros y otros recursos que lo respaldan. A continuación, cito algunos de los recursos claves que ayudaron a informar parte del contenido aquí. Como si fuera una olla de barro antiguo, todos estos recursos han sido marinados en mi mente y alma desde hace algún tiempo. Espero que el resultado final haya sido un plato sabroso, y no un pastoso desastre.

Angelou, Maya. *The Complete Poetry*. Nueva York: Random House, 2015.

Aristotle, *Nichomachean Ethics*, trad. W.D. Ross http://classics.mit.edu/Aristotle/nichomachean.8.viii.html

Baskette, Molly Phinney. Palabras de apertura, Asamblea del Sínodo de Nueva Inglaterra, 8 de junio de 2014, Massachusetts Mutual Center, Springfield, MA

Bauer, Jan. *El alcoholismo y la Mujer: El Trasfondo y la Psicología*. Toronto: Inner City Books, 1982

Bell, Rob. *What We Talk About When We Talk About God*. Nueva York: Harper One, 2013.

Bly, Robert. Speaking Engagement with Deborah Tannen. The Great Hall at Cooper Union, Nueva York, NY. Noviembre 1, 1991.

Bodhi, Bhikkhu, editor. *En las palabras del Buda: Una antología de discursos del Canon Pali*. Boston: Wisdom Publications, 2005wn.

Brown, Brené. *Daring Greatly: How the Courage to Be Vulnerable Transforms the Way We Live, Love, Parent, and Lead*. Reimpresión, Nueva York: Avery, 2015.

Campbell, Joseph. *El Héroe de las Mil Caras: Las Obras de Joseph Campbell*. 3ª ed. Novato, CA: New World Library, 2008.

Cigna, "Nuevo Estudio de Cigna Revela la Soledad a Niveles de Epidemia," Cigna.com., 1 de mayo de 2018 https://www.cigna.com/newsroom/news-releases/2018/new-cigna-study-reveals-loneliness-at-epidemic-levels-in-america

Copenhaver, Martin. *Jesus is the Question: The 307 Questions Jesus Asked and the 3 He Answered*. Nashville: Abingdon, 2014.

Cousins, Norman. *Anatomía de una Enfermedad o la Voluntad de Vivir*. Barcelona: Nueva Ciencia, 1982.

Crowley, Chris y el Dr. Henry Logia M.D. *Más Joven Cada Año*. Editorial Sirio, 2006.

_____ y Jennifer Sacheck, Dra. *Thinner This Year*. Nueva York: Workman Press, 2013.

Eckhart, Meister. *Selecciones de Sus Escritos Esenciales*. Traducido por Oliver Davies. Londres: Penguin Classics, 1994.

Escher. MC Ángeles y Demonios (No.45). 1941. Tinta china, papel de color, pintura blanca. https://www.mcescher.com/gallery/back-in-holland/no-45-angel-diablo/

Friedman, Edwin. *A Failure of Nerve: Leadership in the Age of the Quick Fix*. Nueva York: Seabury, 2007.

Gritsch, Eric. *The Wit of Martin Luther*. Filadelfia: Augsburg Fortress Press, 2006.

Hanh, Thich Nhat. *Buda Viviente, Cristo Viviente*. España: Kairós, 1996.

Heid, Markham. "You Asked: Does Laughing Have Real Health Benefits?" Time.com. Noviembre 19, 2014. http://time.com/3592134/laughing-healthbenefits/

Henry, Joe. "Una conversación con Linford Detweiler," Image Journal, Edición 99 https://imagejournal.org/article/a-conversation-with-linford-detweiler/

Holt-Lunstad, Julia, et al. "Las relaciones sociales y el riesgo de mortalidad: Una Revisión Meta-Analítica," *PLOS Medicine*, julio 27, 2010. https://doi.org/10.1371/Journal.pmed.1000316.

James, William. *Variedades de la Experiencia Religiosa: Un Estudio de la Naturaleza Humana*. Traducido por Josee F. Yvars. España: Trotta, 2017.

Joni Mitchell entrevista 1989, parte 1. Grabado por *Quintessential Covina*, un programa de televisión de acceso público en Covina, CA. Jeff Plummer, entrevistador. Producido por Marty Getz. Grabado en mayo de 1989. https://youtu.be/w1gCku0w1sw

Jung, CG Carta a Bill W (co-fundador de AA Alcohólicos Anónimos). Reimpreso en Jan Bauer. *El alcoholismo y la Mujer: El Trasfondo y la Psicología*. Toronto: Inner City Books, 1982.

Kahneman, Daniel, y Angus Deaton "Los Altos Ingresos Mejoran la Evaluación de la Vida, pero no el Bienestar Emocional," Actas de la Academia Nacional de Ciencias de los Estados Unidos de América, 7 de septiembre, 2010.

Lane, Belden. *Backpacking with the Saints*. Londres: Oxford University Press, 2014.

Leitman, Margot. *Long Story Short: The Only Storytelling Guide You'll Ever Need*. Seattle: Sasquatch Books, 2015.

Lincoln, Abraham, Lincoln: discursos, cartas y escritos varios. 2 vols. Library of America, 1989.

Luscombe, Belinda. *"¿Necesitamos $ 75.000 Para Ser Felices?"* Time, 6 de septiembre 2010 http://content.time.com/time/magazine/artiCLE/ 0,9171, 2019628,00.html

Lutero, Martín. *Escritos Teológicos Básicos de Martín Lutero*. Editado por Timothy F. Lull. Filadelfia: Augsburg Fortress Press, 2001.

_____. *Martin Luther's Christmas Book*. Editado por Roland H. Bainton. Filadelfia: Augsburg Fortress Press, 1948.

_____. *The Table Talk of Martin Luther*. Editado por Thomas Kepler. Nueva York: Dover, 2005.

_____. *El Pequeño Catecismo*. Traducido por Timoteo Wengart. Minneapolis: Augsburg Fortress Press, 2016.

Martin, Steve. *Born Standing Up: A Comic's Life*. Nueva York: Scribner, 2007.

Marty, Martin. *October 31, 1517, The Day that Changed the World*. Brewster, MA: Paraclete Press, 2016.

_____. Correspondencia personal de correo electrónico. 6 de junio 2019.

Merton, Thomas. *A Thomas Merton Reader*. Editado por Thomas P. McDonnell. Nueva York: Crown, 2011.

Miller, J. Keith. *Hambre por Sanidad: Los Doce Pasos de AA como un Modelo Clásico para el Crecimiento Espiritual Cristiano*. Revisado. San Francisco: Harper One, 1992.

Moltmann, Jürgen. El Espíritu de la Vida: Una Afirmación Universal. Filadelfia: Augsburg Fortress Press, 2001.

Oliver, Mary. *A Thousand Mornings*. Reimpresion. Nueva York: Penguin, 2013.

Peterson, Eugene H. Christ Plays in Ten Thousand Places: A conversation in Spiritual Theology. Grand Rapids, MI: Eerdmans Press, 2008.

_____ . La Biblia de Estudio El Mensaje. Colorado Springs: NavPress, 2012.

_____ . "It's a Wonder-full Life." *Christianity Today*. Diciembre de 2007. Archivo

Reimpresión. https://www.christianitytoday.com/ct/2007/december/28.34.html

Pinsker, Joe. "La razón por la que la mayoría de las personas muy ricas no están satisfechas con sus riquezas." *The Atlantic*, Dic 4, 2018 https://www. theatlantic.com/family/archive/2018/12/rich-people-happy-money/577231/

Plummer, Jeff. 1989 Entrevista radial. Producida por Marty Getz.

Pressfield, Steven. *La Guerra del Arte: Rompe Las Barreras y Vence tus Batallas Internas*. España: Black Irish, 2013.

Rassmusen, Larry. *Earth-Honoring Faith: Religious Ethics in a New Key*. Londres: Oxford University Press, 2015.

Ratey, John J., MD *Spark: The Revolutionary New Science of Exercise and the Brain*. Nueva York: Little Brown, 2013.

_____y Richard Manning. Go Wild: Eat Fat, Run Free, Be Social, and Follow Evolution's Other Rules for Total Health and Well-being. Nueva York: Little Brown, 2015.

Rohr, Richard. *Immortal Diamond: The Search for Our True Self*. San Francisco: Jossey-Bass, 2013.

_____. The Naked Now: Learning to See as the Mystics See. Nueva York: Crossroad Publishing, 2009.

_____y Mary Beth Ingham. *Sosteniendo la Tensión: El Poder de la Paradoja*, Audio CD (Albuquerque, Nuevo México: Centro para la Acción y la Contemplación, 2007)

Rumi, Jalal al Din. El Alma de Rumi: Una Nueva Colección de Poemas de Éxtasis. Traducido por Coleman Barks. Nueva York: Harper Collins, 2002.

Sanford, John. *The Kingdom Within: The Inner Meanings of Jesus' Sayings*. Revisado. Nueva York: Harper One, 2010.

Seneca, Lucius Annaeus. from Moral Letters 123.3, in Letters from a Stoic, trad. Robin Campbell, Reimpresión. New York: Penguin Classics, 1969

Stjerna, Kirsi. "Luther, Lutherans and Spirituality." En *Spirituality: Toward a 21st Century Lutheran Understanding*. Editado por Kirsi Stjerna y Brooks Schramm. Minneapolis: Lutheran University Press, 2004.

Sweet, Leonard. *SoulTsunami: Húndase o Nade en la Cultura de los Milenios*. Grand Rapids, MI: Zondervan Press, 1999.

Tzu, Lao. *Tao Te Ching*: Una Nueva Versión en Inglés. Traducido por Stephen Mitchell. Reimpreso. Nueva York: Harper Perennial, 1988.

Ulanov, Anne Belford. *Receiving Woman: Studies in the Psychology and Theology of the Feminine*. Louisville, KY: Westminster John Knox, 1981.

_____. *The Wisdom of the Psyche*. Cambridge, MA: Cowley, 1988.

Von Franz, Marie-Louise. *Shadow and Evil in Fairy Tales*, Rvdo. ed. Boulder, CO: Shambhala, 1995.

_____. *C.G. Jung: His Myth in Our Time*. Toronto: Inner City, 1998.

Wagner, Jane. Escritora de comedia. http: //classic.lilytomlin.com/lily/quotes. htm

Waste-Away Group. "Datos y Estadísticas de Correos Basura." Blog. 21 de enero, 2018. http://wasteawaygroup.blogspot.com/2018/01/junk-mail-facts-and-statistics.html

Where Luther Walked, dirigido por ChartHouse Learning, Burnsville, MN, 2010, DVD

Whitman, Walt. *Walt Whitman: Poesía y Prosa*. Editado por Justin Kaplan. Nueva York: Biblioteca de América, 1982.

Yoon, Eddie. "La Industria de los Comestibles afronta un Nuevo problema: Sólo al 10% de los estadounidenses les gusta cocinar", *Harvard Business Review*, septiembre de 2017 https://hbr.org/2017/09/the-grocery-industry-confronts-a-new-problem-only-10-of-americans-love-cooking

Zillman, Claire. Fortune. "How Black Friday Ate Thanksgiving and Destroyed Itself," Blog. Noviembre 25, 2013. http://fortune.com/2013/11/25/how-black-friday-ate-thanksgiving-and-destroyed-itself/

Gratitud

Este libro fue el esfuerzo de un grupo de personas.

Muchas gracias a todos los que hicieron contribuciones por correo electrónico o entrevistas, y por permitirnos usar sus historias. En la mayoría de los casos, se usó el primer nombre de los autores, pero a veces se cambiaron los nombres para asegurar la confidencialidad. Este libro no podría haberse escrito sin ustedes.

Mi esposa, Lisa, a quien he dedicado este libro, ha apoyado este proyecto desde hace casi treinta y cinco años. Ella me escuchó, me animó y me afirmó. ¡Qué regalo es tener una compañera en la vida!

El personal del Sínodo de Nueva Inglaterra, quienes son una parte muy importante de este libro.

Brenda Quinn, mi editora, hizo que este fuera un mejor libro. Su atención a los detalles, sugerencias inteligentes y destreza como artífice de las palabras, fueron un regalo.

Melissa Farr diseñó la portada y las páginas interiores.

Gary Williams fue mi mentor de escritura y edición. Proporcionó el toque justo al aclarar preguntas que me ayudaron a mantener el rumbo.

La biblioteca pública Cross Mills en Charlestown, RI me permitió el acceso a muchos de los recursos que hicieron posible este libro.

Gracias.

www.ingramcontent.com/pod-product-compliance
Lightning Source LLC
Chambersburg PA
CBHW071659090426
42738CB00009B/1594